ねぇねぇ みかどのおばさん

下町の駄菓子屋物語

六谷陽子
ROKUTANI YOKO

幻冬舎 MC

ねぇねぇ　みかどのおばさん

下町の駄菓子屋物語

目次

一章　自我が目覚めるお年頃

二章　学びの場・みかど

三章　大島の情景

四章　母のこと、私のこと

一章

自我が目覚めるお年頃

一　みかどを閉店します

二〇〇七年の秋、私は都営新宿線・大島駅で降り、エレベーターで地上に出ました。扉が開くと心地よい風が頬を撫でていました。金木犀《きんもくせい》の甘い香りに包まれると、疲れた身体が癒やされていくのを感じます。

丸八通りと新大橋通りの交差点で信号待ちをしながら夜空を見上げるときが、ホッとするひとときです。信号が変わり、少し急ぎ足で歩き始めました。

いつもなら、途中でたこ焼き屋の香ばしいソースの香りに誘惑されたり、老舗の吉田書店に立ち寄ったりするのですが、この日は真っすぐ家に帰らなければいけませんでした。今朝、食事のときに、父から「おまえに話があるから、今日早く帰ってきてくれるか？」と言われ、母も落ち着かない表情でした。重大な話って、病気なのかなぁ……。ふと頭の隅っこで過《よぎ》りました。

十年暮らした代々木から、実家がある大島に戻って四年が経ちますが、私がどれだけ夜遅く帰宅しても、「家族なのに、先に寝てしまったら愛想ないからね」と言って両親はいつも待っていてくれました。

この日は、バラエティ番組を観ていたようです。

私はモデルやタレントをキャスティングする仕事をしているのですが、私よりも芸能界に詳しい母でした。それは吉田書店から毎週届けてもらっている女性週刊誌のお陰で、母とテレビを一緒に観ていると、出演しているタレントのプライベートな情報を教えてくれます。番組が二倍面白くなるのですが、ときには（静かに観させてよ）と思うことがあります。しかし父は気にならないようで、同じ話題を何度でもする母の話を初めて聞いたかのような態度で、「へぇ～」と言う父に感服致します。

いつもなら帰宅後はテレビを観ながら、親子三人でのんびりお茶を楽しみながら今日あったことを話したりしていましたが、今日は違います。私がお茶をいれて腰を下ろすと、父がテレビを切りました。

私に向かって「ヨーコ、俺……来年で八十になるし、ばあさんの足腰も弱っているから、みかどを閉めようと思っているんだけど、いいよな？」

みかどは、私が三歳の頃に両親が始めた駄菓子屋です。

「みかどを閉める？　みかどがなくなる？」

大変ショックな話でした。

いつかそんな日が来るとは思ってはいましたが、まだまだ先のことと、気楽に考えておりました。一瞬、〝イヤだ〟と言いそうになりましたが、しわが深く刻まれた二人の顔を見ていたら、何も言えずに大きく頷きました。

「二人して、いままでよく頑張ってきたもんね。いつ頃、閉めるつもり？」

「来年の五月くらいかな……」

「いいんじゃないの？」と私はさばさばとした明るい調子で言いました。

「いままでほとんど休みがなかったからね……。これからは旅行にも行けるし、お正月もしっかりと休めるし……お母さんも趣味の手芸ができるよね」

「最近はすっかり根気がなくなったから、手芸は無理だよ」

両親も私に言ったことで肩の荷が下りたのでしょう。晴れやかな表情になりました。

「最後まで駄菓子をきれいに並べて、子どもたちを毎日あっと驚かせなきゃ……」

母は手を叩きながら喜んでおりました。

「それはぜひ頼むわ。アンタは駄菓子を並べるセンスがあるからね」

実家を出る前も実家に戻ってきてからも、お店の棚に駄菓子を並べるのは私の仕事ですが、毎回、褒めてくれるのが母でした。気分をよくした私も調子に乗って、

「ありがとうございます。センスがいいのは自分でも認めるわよ」と言うと、

「自分を褒めちゃうところがヨーコらしいなぁ」と父が笑いました。

その笑顔を見ていたら、これからはゆっくりとしてもらいたいと思い、今後の六谷家のイメージが思い浮かびました。

「ねぇ、お店を閉めたらリフォームしようよ。大きなテレビやソファーを置いて、時代劇が一日中やっているチャンネルがあるから、申し込もうね」

「別料金なんだろう？　高かったら契約しないよ」と渋る父に、「大丈夫よ。そんなに高くないはずだから」と言いかけると、母からも『待った』がかかりました。

「ダメよ、ヨーコ。これからは少ない年金で生活するんだから、倹約をしなくっちゃいけないのよ」「はい、はい、わかりました」

軽口を叩きながら明るく振る舞っていないと、涙が溢れ出そうになりました。

みかどがなくなる――。

それを考えただけでも、得体の知れない寂しい感情が心の底から湧いて来るのです。もし私が泣いたら二人を困らせてしまいそうだから、「お風呂入ってくるね」と言ってその場を立ち上がりました。湯船に浸かりながら、私は二つのことを決めました。

一つ目は、いままでみかどを愛してくれた昔の子どもたちにも来てもらいたいから告知ポスターを貼ること。そして、もう一つは金銭面でこれからは甘えないこと。

私がキャスティングの仕事に就いて二十年、独立して十三年になります。従業員のハナちゃんと、経理を担当している妹の久美子、それに私という小さな所帯です。リーマンショックのお陰で厳しい状況になりましたが、関西の大手通販会社からレギュラーで仕事をいただいているので、収入は安定していました。

でも、専属で契約をしていないので、失敗すれば即、打ち切られるという厳しい世界です。これまではなんとかやってきましたが、急な資金繰りに追われることがあると、「ごめんなさい、ちょっと貸して」と母におねだりしてきました。しかし、いつまでも甘えるわけにはいかないので「いままで以上に気合いを入れて仕事をするぞぉ」と濡れた両手で自分の頬を叩きました。

湯船に浸かってリラックスしたはずなのに、ベッドに入っても目が冴えて、なかなか眠ることができませんでした。私は横たわったまま、みかどが開店した頃のことをぼんやり思い返していました。

両親が富山の石動《いするぎ》の浅地でお見合いして、結婚をしたのが昭和二十六年の十月。私は翌年八月に生まれ、その三年後の四月に妹の久美子が生まれました。

その年の秋に、駄菓子屋みかどは開店したのです。

屋号みかどの由来は「十坪の我が家が三角《みつかど》にあったから」というとてもシンプルな理由でした。

戦後のベビーブームで、当時の大島には子どもたちがたくさん暮らしていました。人数が多いので、小学校は午前と午後の二部制で、両親が始めた駄菓子と貸本屋のみかどには一日中、子どもたちで溢れていました。

下町の大島は、とにかく子どもたちの声が賑やかでした。

店の外では、「バーカ、カーバ、チンドン屋、おまえの母さん赤出ベソ！」とからかう声が聞こえたかと思うと、突然に甲高い泣き声のすぐあとに、取っ組み合いのケンカに発展。やがて、「こらぁ！　ケンカしたらダメでしょ！」と叱るおばさんの声が町中に響き渡ります。

リヤカーで廃品回収業をしている江川さん老夫婦は、冬になると焼きいも屋に変身して、毎日チリンチリンとベルを鳴らし、「焼きいも、焼きいも」という決まり文句を発しながら、地下足袋姿で町中を歩いていました。

また、戦争で身体が不自由になった父親がいる家族は、お母さんが大黒柱として一日中働いていました。子どもたちも朝早くからあさりを売り、新聞や牛乳配達をして、家計を助けていました。

アメリカ陸軍の制服を身にまとった黒人の旦那さまがいる一家が町内に住んでいたので、子どもたちは大きな身体をした彼の後ろをついて歩いたものです。さすがにギブミーチョコレートの世代ではありませんが、私も彼の後ろをついて歩いた記憶があります。アメリカに憧れを抱いていた子どもたちにとって、彼の存在はとても興味深いものでした。その軍人さんには、日本人の奥さんと娘さんがいました。

また、ロシア人とのハーフの可愛い女の子も住んでいました。みかどが開店した昭和三十年の下町は、現代にも負けず劣らず、インターナショナルな世界でした。

野球をしてよその家の窓ガラスを割ったり、植木を壊したり、うるさくしていると、近所のおじさんが「こらぁ！」と言いながら、箒《ほうき》を持って家の外に飛び出してきます。子どもたちを追いかけて来るおじさんから逃げるのですが、捕まって、叩かれたりしていました。

いまと違って、いたずらをする子どもがいたら、赤の他人からでも叱られるのが当たり前でした。

そして、叱られた子どもの母親は、菓子折りや果物を持って、頭を下げて回るのです。そうやって、町全体が子どもたちを育てていたのです。

大島という町が一つの家族のようなものでした。とはいっても、人間関係の難しさはいまも昔も変わらないようです。

富山の片田舎から下町に嫁いだ頃は、母も人間関係で苦労したようです。

当時は、各家庭には水道は通っておらず、共同水道を十世帯くらいで使っていたのです。

そこに行けば、他の誰かが必ずいます。特に水を使う時間帯は同じだから、会わずにすませる、というわけにはいかなかったようです。

年配のおばさんたちは、個性的で嫌味を言う人もいれば、優しい人もいます。

年配らの会話を笑いに変えて楽しむ若妻もいれば、さりげなく嫌味で返す奥さんもいるし、クヨクヨタイプもいたようです。若妻たちは結束して、励まし合っていたそうです。

嫁いで来た当時、べらんめえ調の江戸っ子がとても怖かったそうです。しかし、人のよさに気づくとコミカルな会話に思えて楽しくなり、おせっかいで人情味のある江戸っ子が母は大好きになりました。

何かあっても笑いに変えて楽しむタイプの母は、江戸っ子さんたちとすっかり仲よくなりました。江戸っ子のおじさんやおばさんたちの会話はまるで落語を聞いているような感覚に思えてなりませんでした。

夕食の支度が忙しい時間帯に、道の途中で江戸っ子風のおばさんに会うと世間話に花が咲き、そのあとはバタバタと走り回るハメになりますが、それでも、おばさんたちとの世間話は、なくてはならない宝物でした。

最近では江戸っ子気質《かたぎ》で気風《きっぷ》のいいおじさんも見かけなくなり寂しいことですが、それもときの流れでしょうか……。

そんな時代の流れを、駄菓子屋みかどはずっと見続けてきました——。

二　駄菓子屋の娘でよかった！

いつの間にか雀が鳴き始め、空も白み始めてきました。

将来のことを考えたり昔のことを思い出していた私は、（もう朝か〜……なんだか、すっかりノスタルジックな気持ちになったわ）と考えているうちに、目の奥が重くなり、深い眠りに入りました。

しばらくすると、母が部屋に入ってきて「アンタ、今日会社に行かないの？　遅刻するわよ〜」という母の声で目が覚めました。

「ヨーコ、なんだか目がむくんでない？」

「お母さんたちがみかどをやめたいって言うから、昨日はなかなか眠れなかったわよ」

「私とお父さんはアンタに報告したから、ぐっすり眠れたわよ。ね、お父さん」

父は静かに笑っていました。

現実に戻り（よし、閉店まで頑張るとするか……）という気分に変わりました。

とはいっても、通販カタログに登場するモデル、海外映画の宣伝イベントにゲスト出演してもらう芸能人の交渉をするのが本業で、電話や企画書で口説きますがラブレターを書くときのように、心の琴線に触れる言葉を探すのにいつも四苦八苦しています。

ある晩のこと、元気よく「ただいま！」と玄関の戸を開けると、テレビの音も聞こえず、両親が顔を突き合わせて真剣に何かを話していました。どうやら、近所に住む良男くんの話題のようです。

良男くんは三歳くらいから毎日、社交的でおしゃれなお母さんに手を引かれて駄菓子を買いに来ていました。

ところが、良男くんが中学生になった頃、お母さんが子どもを置いて家を出て行ってしまいました。良男くんのお母さんとは仲がよかったのでショックでした。

その良男くんが最近、あまり人相のよくない友だちとつるんでいると母は心配で心を痛めていました。革ジャンもどきのジャケットを着て眉を剃り、目つきの鋭い友だち二人がいつも一緒みたいです。

「あの良男くんも、クサリをジャラジャラとぶら下げて歩いているの？」と聞くと、母は口元をゆがめていました。

良男くんはいつもみかどに来ると明るく挨拶してくれる子なので、すぐには信じられませんでした。

母は「そうなんだよ。だから、心配でねぇ」とため息をついていました。

それまで母の話を黙って聞いていた父が、「おまえ、簡単だよ～。良男くんを特別待遇のえこひいきすればいいじゃないか！」と言い出しました。

母も「そうだよね、えこひいきすればいいんだよね。あんないい子が不良になったら、大島界隈が暗くなるからね」と瞳を輝かせておりました。

「えこひいきが……解決策なの？」

その言葉を理解できなかった私に、「えこひいきされるのも実力のうちなんだよ。良男くんにはそんな力があるんだよ」と父が嬉しそうに微笑んでいました。

「良男くんは可愛げがあるから、俺はえこひいきしたい！」と言う父の意見に母も腑に落ちたらしく、「うんうん」と頷いていました。

「でも……どうやってえこひいきをするの？」と想像がつかず、私は首をひねっていると……、

母は「まぁ……そのうち、思いつくから大丈夫よ。取りあえず答えが出てよかったわぁ」と喜んでいました。

良男くんのことを真剣に話し合う両親の姿を見て、（やっぱり、駄菓子屋の娘でよかった〜）と心の中で嬉しく思う自分がいました。

その数日後、私がお店にいるときに、良男くんがやって来ました。母が話していた通り、革ジャン風ジャケットに銀色のクサリをジャラジャラぶら下げているのに、いつもと同じ明るい雰囲気で、「おねえさん、コンバンワ！」と目をクリクリさせながら挨拶をしてくれました。でも、後ろには眉がなく、目つきの鋭い二人が立っていました。三人でブタメンという小サイズのカップラーメンを買ってお湯を入れ

て、みかどを出て行こうとしましたが――。母は彼らを引き留め、新商品のうまい棒をプレゼントし、世間話を始めました。

母は私に『えこひいき決行』の目配せをしてきました。父も引き留め作戦に参加し五人で楽しそうに話をしている間に、私は台所にある中華鍋に注いだ油を熱して、ザルには、母が砕いておいた鏡餅をどんどん揚げていきました。揚げたての餅に醤油をかけると、ジュッという香ばしい音とともに食欲をそそる香りが広がりました。

「良男くん、お友だちと一緒に裏の玄関まで来てくれる？」と呼び寄せました。

頷く良男くんは店の裏に回り、玄関を開けました。

「何？　おねえさん？」と瞳を輝かせていました。

「良男くんたち以外の子どもに見られるとまずいから、こっちに来てもらったんだけど……揚げ餅、持って行かない？　良男くんはいつも買いに来てくれるから、特別サービスよ」

広げた新聞にどっさりと揚げ餅を入れると、花束のようにすそを丸めて……、「熱いから気をつけて！」と言ってプレゼントしました。

「揚げたて？　やった！」と喜ぶ姿には幼さが残り、本当に可愛らしいと思いました。二月の寒い中、みかどの前にあるコンクリートブロックの上に三人して腰かけ、楽しそうに食べ始めました。

「美味しい？」と聞くと、三人して「うまい、うまい！　こんなうまい揚げ餅、初めて食べた！」と大はしゃぎしながら食べていました。

『えこひいき作戦』を立てた両親は、何もなかったかのように、店の中から静かに彼らの様子を見守っていました。

　こんな些細なことで心底喜んでくれる三人は、絶対に不良になるはずがないと確信しました。えこひいき……何げに大成功！

　こんなことがあるたびに、〝駄菓子屋の娘でよかった！〟と思っていました。

　両親と子どもたちとの思い出を、大島の情景とともに紹介していきたいと思います。

三　大島のコンバット

テレビ放送が始まったのが昭和二十八（一九五三）年ですが、一般に普及したのはみかどが開店した四年後の昭和三十四年頃です。

みかどに並ぶ駄菓子のパッケージやオマケにも人気のキャラクターが登場したり、店に来る子どもたちもテレビ番組を話題にしたりするので、私や両親も、自然とテレビ番組やマンガ、アニメに詳しくなりました。

（昭和三十三年には）オリーブという恋人がいるポパイに夢中になり、昭和三十八年には『鉄腕アトム』『鉄人28号』『エイトマン』『狼少年ケン』というマンガアニメブームがやってきました。

その後も、『オバケのQ太郎』『ジャングル大帝』『おそ松くん』『魔法使いサリー』『ゲゲゲの鬼太郎』『サスケ』『ひみつのアッコちゃん』『ロボタン』『パーマン』『巨人の星』『タイガーマスク』『ムーミン』――そして、『ウルトラマン』へと繋がっていきます。

マンガは衰退することなく、人気作品が次から次へと続きました。

また、野球に相撲にプロレスのカードが、みかどでも飛ぶように売れていました。

一大ブームを起こしたものの中では、シール付きのビックリマンチョコです。

子どもたちのアイドルで、未だに売れ続けております。

夕方、父の軽自動車が問屋から商品をどっさり積んで戻ってくると、数人の子どもが車に群がったものです。

「おじさん、おじさん！　ビックリマンチョコ持って来てくれた？」

「持ってきたよ……」

素っ気ない口ぶりの父なのに、子どもたちはニコニコしながら、「おじさん、サンキュー、サンキュー」「僕、三つちょうだい」「俺は二つ！」と手を伸ばし、瞬く間になくなります。

いつもすぐに売れ切れてしまうので、手に入らなかった子どもたちはガッカリしながらも店から離れられずに、たむろっていました。当時、ビックリマンチョコはまるでお菓子業界のビッグタレントでした。チョコレートもさることながらシール集めに興味を持つ子どもたちが多く、お小遣いが少ない下級生にお兄ちゃんたちはチョコレートをプレゼントするので、大喜びでした。ビックリマンチョコを通じて、子どもたちの間にいつしか深い絆が生まれていました。

そんなふうに、たくさんの子どもたちが訪れ、連日みかどは賑やかでした。

子どもたちだけではなく、七十七歳まで亀戸の工場で働いていた神田さんのおばあちゃんは、歌うことが大好きで、みんなの前でよく歌ってくれました。

当時の相撲の大横綱と野球の巨人が好きでした。そのせいか、仕事から戻ると必ずオロナミンCを店で飲んでいました。当時、オロナミンCのコマーシャルは大勢の巨人の選手が起用されていました。

神田さん以外にもたくさんのおばさんやおじさんがみかどに立ち寄って世間話をしていくので、母は自然に大島の情報ツウになっていました。

様々な方の相談に乗る母を見て、父が尊敬の念を込めて「大島のコンバット」と名づけるほどでした。『コンバット！』というのは、その頃人気があったアメリカのテレビドラマです。主人公が所属する部隊の活躍になぞらえて、何かあるたびに「やっぱり、お母さんは『大島のコンバット』だね」と言って家族でにんまりしておりました。

四　母と過ごした青春の一ページ

昭和四十二（一九六七）年、私が中学三年生の頃のことです。

同学年の生徒の中で男女を問わず、みかどに集まりました。女友だちは放課後、みかどに立ち寄っていました。美人で人気者が多かったので、親しくなりたい男子が足を運ぶようになりました。と言っても、楽しくお喋りをしたり、駄菓子を買ったりするだけでした。

特に、音楽の話題で盛り上がっていました。当時日本のグループサウンズにはまっていた私はザ・タイガースが好きでしたが、ザ・テンプターズやブルーコメッツも人気がありました。髪の毛がちょっと長めの同級生が、耳に手を当てて首をかしげ「お前のすべてを～」と、ザ・カーナビーツのドラムを叩いていたアイ高野の物まねをしたりして、私たちを楽しませてくれました。「私はザ・ビートルズが好き」「ザ・ローリングストーンズのキース・リチャーズのギター、カッコいいよな～」と語り合う私たちは『ミュージック・ライフ』を読み漁り、星加ルミ子編集長は憧れの的でした。店の中でレコードをかけることもあり、かなり賑やかでした。

　生徒の人数は増えるばかりで、ピーク時は三十人もの生徒がみかどの周囲にたむろっていました。六十年代は音楽を通してコミュニケーションがとても豊かでした。私が通っていた大島中学校の中でも「みかど」は噂の的となり、担任の小嶋先生が心配して、「ご両親にご迷惑かけているんじゃないの？」と声をかけられたことがあります。「二人とも、私たちの輪の中に入って楽しんでいますよ」と話すと、先生は「そっか、そっか……」と安心したような笑顔を浮かべていましたが……。男女が話しているだけで噂になる時代だから、生徒が集まるみかどのことで、他の先生方から苦言があったのかもしれないと思うと、小嶋先生に申し訳なくて今頃になって心が痛みます。

　母は子どもの話を真剣に聞き、冗談で応戦したりして、友だちのように接してくれました。ときには夕食の準備を忘れるほど熱心に向き合う母ですが、父も同様に、男子生徒と冗談を言い合っておりました。騒いだりすることはないのですが、近所の人たちは生徒の数の多さにビックリしていたようです。そのうち、店の前を通るおばさんの中でよくない噂をする人も現れました。

「みかどは不良のたまり場だから、怖いわよね」とか……。

そのおばさんがあちこちで言うので、母の耳にも入ってしまいました。

「いい子たちばかりなのに不良って言われるのは心外だわ……」

噂の出所であるおばさんに文句を言うわけにもいかず、母は苦慮していました。

母は私たちのことも気にしていましたが、「悪いことしていないもん、全然気にしてないよ」と妹の久美子も私もあっけらかんとしていました。

そんな噂に負けず、母はみかどに来る生徒たちを快く受け入れていました。

そして、生徒もそんな母を慕っていました。

ある日の午後、母が右手を上げてこう言いました。

「ねぇ、みんなで、たまには卓球にでも行かない？　もちろん、おばさんの奢りだから安心して！」

母の誘いに歓声が上がり、「行く！　行く！」と次々に手が上がりました。

「僕、行きた〜い！　亀岡も行こうぜ！」

「亀岡くんが行くなら私も行く！」と芳子に言われると……、

「俺に惚れるなよ、火傷するぜ、ベイビー！」と言いながらも照れまくる亀岡くん。

「そんなんじゃないわよ〜。亀岡くんといると楽しいからよ、アハハハ」

「俺は卓球の天才なんだぜ」と鈴木くんが言うと、

「亀岡くんのほうがうまいって！」と芳子に言われて苦笑いする亀岡くん。

店内は大騒ぎ。その様子を両親はニコニコと眺めていました。

その場にいた十人ほどが卓球に行くことになったのですが、父はお留守番。

母を先頭に、タクシーに分乗して亀戸まで行き、卓球を存分に楽しみました。

男女の隔たりもなく楽しいひとときでした。それは母とともに過ごした青春の一ページでした。

五　おばさんは恋のキューピット

ある日、茨城から引っ越してきて間もない近田春香ちゃんは、母に「おばさん。修平ちゃんって、みかどに買いに来る？」と聞いてきました。

「来るよ。修平ちゃんがどうかした？」

「修平ちゃん、学校ですごくモテるんだよ……」

彼女の表情を見て、私は（春香は修平のことが好きなんだな～）とピンと来ました。

「修平ちゃんは明るくて優しいからね」と言うと、春香は嬉しそうに頷きました。

そんな噂をしているときに限って……友だちと一緒に修平がみかどに入って来ました。

「あらっ、修平ちゃん、いらっしゃい！」と母が言うと、

「あれっ、おばさん、美容院に行ってきたの？　髪の毛、きれいになっているね」

「あら、嬉しいわ、修平ちゃん！　おばさんの家族は誰も気がつかないのよ～」

修平は私の隣にいる春香にも声をかけました。

「近田！　おまえもみかどに買いに来てたんだ……。ここのあんこ玉、いつも新しいからウマいよ」

「じゃあ、買ってみる」と春香が言ったとき、母が突然、「春ちゃんから聞いたけど、修平ちゃんって、クラスでモテるんだってね」と言い出しました。

（あぁ、言っちゃった……！）と私は心の中で慌てました。春香が修平のことを気にしていると気づかれたら、マズイと思いました。

「おばさん、言わないでよ〜、恥ずかしいから……」

春香が真っ赤な顔で母に訴えると、今度は修平の友だちの一人が……、

「おばさん、修平は近田のことが好きなんだよ……なっ、修平！」と言ったのです。

なんて素敵なお友だちなんだろう――。

そばで聞いている私は（……この会話セーフなのか）とハラハラドキドキしました。

――春香と修平は頬を赤らめて、駄菓子を入れる小さな赤いバスケットにせっせとお菓子を入れていました。

店内にちょっとだけ気まずい空気が流れましたが、春香が駄菓子の入ったバスケットと百円玉を母に差し出すと、それを受け取りながら、母は修平に声をかけました。

「修平ちゃん！　春ちゃんは去年引っ越してきたばかりだから、優しくしてあげてね」

「おばさん、僕は男なんだから、女の子に優しくするのは当たり前だよ」と修平は即座に答えました。

修平がクラスでモテるというのも納得です。友だちの前で、照れずに母の言葉をしっかり受け止めていました。

母もそう思ったのでしょう。

「カッコいいね、修平ちゃんは……。春ちゃんも頼もしいお友だちができて、よかったね」

「おばさん、俺も頼りになるぜ」

「俺だって女の子には優しくしているよ」

他の子も会話に割り込んできました。

母は、「うんうん、みんな春ちゃんのお友だちになったよ、よかったね」とニコニコしていました。

（さすが、みかどのおばさん！　落としどころをちゃんと見極めているんだ）と私は感心していました。二人が気まずいままではかわいそうだし、学校でからかわれるのも気の毒でしたが、これなら丸く収まります。

「僕たち、これから『子どもの広場』に行くけど、近田も一緒に来る？」

店を出る修平が、春香に声をかけました。

「うん……行く！」

そして、子どもたちは楽しそうに『子どもの広場』に走って行きました。

こんなふうにみかどのおばさんは、子どもたちのキューピットにもなり、ときには魔法の言葉で喜ばせておりました。

六　みかどは永久に不滅です。

ある日、木島くんという小柄な中一男子がみかどにやってきました。

木島くんは目つきが鋭く不良っぽい雰囲気ですが、母は彼をとても可愛がっていました。母に向かって、「おばさんさ～、男と女が仲いいと、どうして相合傘を書くの？」といじ悪な質問をしてきました。

母が一瞬考えていると、ほくそ笑む木島くんでしたが「それはね……雨風から女の子を守ってあげたいと思う男の子の気持ちが傘なんじゃないの？」と言うと、木島くんは自分を当てはめて想像したのか、顔を赤らめて「ふう～ん」と言っただけで、駄菓子を買い始めました。

店内にいた女子高生が「おばさん、うまいこと言うよね。感動したわ～」と言い、木島くんに、「ねぇ、キミさ、おばさんから大切なこと習ったんだから、カッコいい男にならないとダメだよ～」と言いました。

ちょっと上から目線の口調でしたが、木島くんも負けずに、「俺、もう十分カッコいいから……ねぇ、おばさん？」と母にウインクして見せました。

母も大きく頷きます。

「その通りだよ。木島くんはカッコいいよ。男気はあるし、女の子にモテるんだよね」

想像以上に褒められた木島くんは照れくさそうな表情を浮かべながらも、女子高生に向かって「俺に惚れるなよ～」とおどけた口調で交わし、店を出ていきました。

木島くんを見送った女子高生が母に言います。

「あんなに目つきの悪い子でも、おばさんは可愛くてしょうがないんだね」

「可愛いよ。人間って、幸せになれば、いつだって目つきも顔つきも優しくなるんだから……あの子だって絶対に大丈夫だよ」

母の言葉に彼女は表情を曇らせました。

「おばさん……あの子、幸せじゃないの？」

「ああ見えて、結構苦労しているんだよね。でも、そのうちガールフレンドができたら、あの寂しい目つきだって変わるんだよね。アンタだって、ボーイフレンドができたらさらに美人さんになるわよ」

照れながら「おばさんって、みんなに優しいんだね」と言った女子高生は、不意に右手を高々と上げました。そして、「みかどは、永久に不滅です！」と巨人軍の長嶋選手の真似をして宣誓したのです。

これには母も、「あらっ、お嬢さん、嬉しいこと言ってくれるわね。おばさん、涙が出ちゃうわ……」と大喜びでした。

みかどは『永久に不滅』――当時のお客さんだけでなく私もそう思っていました。

七　大人はみんなバカだから……

もみあげを鋭角に剃り整えたテクノカットが流行っていた頃、私が『テク坊』とニックネームをつけた男の子がいました。

この子は、私を見つけると必ず悪態ついたり、嫌がらせし放題の小学四年生――母曰くイタズラしたいお年頃だそうです。

ある日、私が一人で店番をしているとテク坊がやって来ました。

「あれ？　おばさん、今日いないの？」

「おばさんはおトイレにいますよ」

そう言うと、テク坊は突然ゲラゲラ笑いながら、

「おばさんもクソするんだ！　ワハハ！　クソ、クソ、クソ、クソ、みかどのおばさん、クソくらえ！」と大きな声でひどい鼻歌を歌い始めました。

「どうして、そんなこと言うの？」

私が呆れていると、「俺はバカだからね」と突然笑いながら自信ありげに言い放っていました。

「自分をバカって言ったら、テクがかわいそうじゃない」

私は穏やかに言ったつもりだけど、テク坊は生意気な口調で言い返してきました。

「俺だけじゃないよ、おねえさんもバカだし、みかどのおばさんもバカだよ。俺、ちゃんと知っているんだぜ」

私や母のことまで「バカ」呼ばわりされて、少し苛立ってきました。

「テク坊～！　なんでそんなにバカバカって言うの？　人に向かって言う言葉じゃないでしょ！」

そのとき、母がトイレから出てきました。

「ヨーコ、そんなに躍起になることはないでしょ」

「だって、テク坊が……」

そこへすかさず、テク坊が口を挟みました。

「うちのおばあちゃんが、いつもお母さんに言ってるんだもん。大人になったらバカにならなきゃダメだよ～って」

テク坊は胸を張って大きな声で叫びました。

「だから、おねえさんもおばさんもバカなんだよ。うちのおばあちゃんは俺に嘘つかないからね！　おねえさんだって、うちのおばあちゃんのこと知っているでしょ？」

（テク坊、わかってないなぁ）と私は心の中で必死に堪えておりましたが噴き出してしまいました。

「……なんで笑っているんだよ」と口を尖らせながら悪態をついていました。

「だって……おばあちゃんの言っているバカは、テク坊が思っているバカとは違うのよ～」

「何が違うんだよ！」

「おばあちゃんのバカは、お母さんに利口になりなさいっていう意味なのよ」

喧嘩腰のテク坊にそう言い返すと、テク坊は混乱して……、

「うっそだよ～……バカがなんで利口なんだよ」とパニック状態になり、叫んでい

ました。「さあね」と意地悪っぽく私が言うと、「教えろよー！」と地団太を踏むテク坊に、母が助け舟を出しました。

「テク坊、おばあちゃんに意味を聞いたらいいよ〜。それで、わかったら、おばさんにも教えにきてよ」

「わかったよ、教えてあげるね、おばさん」

テク坊は母の言葉で平常心を取り戻し、駄菓子を買って帰りました。

その数日後、私たちが店の奥の居間でテレビを観ながら夕飯を食べているとき、テク坊がやって来ました。大切な『宿題』の答えを母に伝えに来たのです。

「ねぇねぇ、おばさん、ちょっと来て……」と母だけを店に呼び出して、ヒソヒソ話をしています。この前少し意地悪をしたからか、テク坊は私を完全に無視していました。

母の声が聞こえてきます。

「へえ、そうだったの。よかったね。おばあちゃんは素敵な人だね。みかどのおばさんもテク坊のおばあちゃんのファンになっちゃったわ」

　おばあちゃんはテク坊に何を言ったのだろう――興味が湧いた私は、店に行きました。

「テク坊、私にも教えて！　おばあちゃん、なんて言ったの？」

　でも、テク坊は思い切り舌を出していました。

「イヤ～だよ。ヒミツ、ヒミツ！　おねえさんには絶対に教えないよ～。ね、おばさん！」

「ヒミツだよね。テク」と母までテク坊とタッグを組んでしまいました。テク坊のおばあちゃんが何を言ったのか――それは未だに『ヒミツ』なのです。そのあともテク坊は毎日、友だちの達也や正男と一緒にみかどに来ますが、相変わらず調子に乗っています。

「おばさ～ん、お菓子ちょうだい。俺、これと、これね。早くしてよ、おばさん」

と母を焦らせ困らせていました。

そんないたずらっ子の彼を、母は店からすぐに帰さないのです。「テク坊、今日は学校、どうだった？」ってな具合に世間話をするのです。テク坊も素直に、「担任の先生がああで、こうで――」「体育の授業中におならをした子がいた」とかどうでもいい話をします。テク坊は明るくておばあちゃん子なのに乱暴な口をきくのですが、そんな彼の話を、母はとても楽しそうに聞いていました。

みかどの前で母と立ち話だけをしていく日もありました。

ある日、みかどの前で世間話をしたあと、テク坊は「森田をいじめに行こうぜ！」と達也に声をかけました。森田さんは、テク坊たちの同級生の女の子です。私はギョッとしましたが、母曰く「テクはお年頃で強がっているだけ」とのことでした。

そんなとき、母は必ず「コラッ！　待て、テク～」と言いながら、テク坊を抱きしめて行かせないのです。

「なんだよ。おばさん、離せよ～」と悪態をつくテク坊に、母は我慢強く言い聞かせます。

「テク、アンタは男前なのに、どうして森田さんをいじめるの？」

私は（テク坊が男前？）と心の中でざわつきましたが――。

テク坊は「男前」という言葉にやたら反応し、身体をくねって母に向き直ると、

「おばさん……いじめたらダメなの？」と甘えた口調で訴えるのです。

「ダメだよ～。男が女の子をいじめると、ブッサイクになるからさ～」

「ブッサイクって……？」

「顔も心もブスになるんだよ」と言い切った母は、テク坊と達也、正男の顔を見回して、「三人ともカッコいい顔しているのに残念だよね……」とため息をつきました。

達也は真っ先に「俺、や～めた！　テク、やめようぜ」と言い出しました。正男も「俺もやーめた」と言い、店の中に入り、お菓子を選び始めました。

「テクさ～、女いじめたって笑えねーよ。おばさんの言う通りだよ」

達也や正男にそう言われるとブスッとしたテク坊が店に入って来て、あんこ玉を買って、そのまま口に運びました。

母は「テク、正男くん、達也くん……みんな偉いぞ～」と言いながら、三人の頭

を撫でておりました。正男が「おばさん、頭撫で過ぎだよ……痛いよ！」と言いながらも笑っていました。

いじめはしない、なんて当たり前なことなのに（偉い？　どこが……？）と疑問で頭がいっぱいになりましたが、母のお世辞に気をよくした三人は仲よく帰っていきました。

「お母さん。あんな悪ガキがどうして偉いわけ？　信じられないわ！」

三人の姿が見えなくなってすぐに、私は母に噛みつきました。

「どんなことでも、男が一度決めたことを断念するんだから、理由はどうであれ偉いのよ」

「だって、いじめだよ」

「テク坊はいま、小学四年生でしょ。大きく見せたい年頃なのよ～」

「へーっ、さすが、みかどのおばさん。でも、お母さんは男の子に甘いだけじゃないの？」

なおも食い下がる私に向かって……、

「ヨーコ、テク坊が五年生になったら、どうなっているか――。見てのお楽しみだよ」と、母は苦笑していました。

「へぇ！　お母さんの腕、見せていただきましょ」

あのテク坊が五年生になってもたいして変わらないだろう、と私は高をくくっておりました。

お正月が過ぎ、仕事が忙しくなった私はみかどを手伝う機会がすっかり遠のいていました。

桜の咲く頃だったと思います。たまたま、私が店にいると、テク坊がやってきました。相変わらず私に大声で話しかけてきました。

「あれ、おねえさん、久しぶり！　少し痩せた？　……なんか美人になったね」

バカだのクソだの悪態ついていたテク坊にそう言われて、私は正直面食らいました。

「テク坊……お世辞がうまくなったわね」

次の瞬間、母がテク坊に質問したのです。

「テク、いま、何年生？」

「五年生だけどなんで？　おばさん」

「五年生だってちゃんと聞こえたかしら？　ヨーコさ～ん」

もちろん聞こえたし、以前、母と交わした会話を思い出し、確かに五年生になったテク坊はしっかり成長していました。

やはり、子どもを見極める力は一級品。みかどのおばさんには誰もかないません。

「おねえさんの名前、ヨーコっていうの？　じゃあ、今度からヨーコさんって呼ばなきゃ」と屈託のない表情で言うテク坊に、私も微笑み返しました。

　母に完璧に負けた形でしたが、不思議とさわやかな気持ちになり、子どもの成長をこんな形で知ることができた私は嬉しさで胸がいっぱいになりました。

八　いじめられっ子救出作戦

いじめは子どもの世界だけの話ではありません。当時、私がいた職場でもいじめがありました。

昭和五十九（一九八四）年にオープンしたばかりのプランタン銀座で、私はアクセサリー売り場で販売員をしていました。

同じ班の鍋島さんは同僚二人からいじめられていました。毎日泣かされているのを垣間見て、無性に腹が立ち、不愉快そのものでした。

その話を母にすると「中学校の頃、『いじめっ子をいじめる会』の会長さんだったでしょ。アンタが頑張らなくて、誰が頑張るのよ」とハッパをかけられて、ハッとしました。

「みかどのおばさんの娘だもんね……頑張るか！」

「そうよ、そうよ。頑張りなさい」と、母に励まされました。

翌日も鍋島さんは二人から嫌がらせを受け、泣きながらランチ休憩に行きました。少しでも心の痛みが取れればと思い、鍋島さんが担当している売り場で三万円のアクセサリーを売りました。帰って来た鍋島さんにタグを手渡すと、満面の笑みだったので、嬉しくなって他の人たちが担当している商品も売りまくりました。

すると、私が十三時のランチから戻ると、他のみんなが私の商品を売りまくってくれました。急速に仲間意識が高まり、売り場の環境がすごくよくなりました。いじめていた二人組は、活気に溢れた職場に馴染めず、すぐにプランタンを去って行きました。

そんなある日の朝、全国の百貨店の上層部の人たちがプランタンに来ました。（なぜお偉いさんたちが来ているの？）と思っていたら、その中になつかしい部長を発見しました。以前、私が働いていた新宿の百貨店の香川部長でした。

「おー、六谷。おまえここで何しているんだ？」

「販売員ですよ。今日は大勢でいったい、どうされたんですか？」

香川部長は無人販売員の陳列台を指さしながら、「この東洋アクセサリーだけど、プランタンの売り場が、先月日本一になったんだよ」と言いました。

びっくりするのと同時に、なぜだか嬉しくて、販売員みんなで喜びを分かち合いました。最初はいじめの撲滅になれば……と始めたことでしたが、（人を思いやる気持ちが奇跡を作るんだな～）と、つくづく思いました。

この顛末を母に話すと、「ヨーコさん、頑張ったじゃない」と褒めてくれました。

「『蛙の子は蛙』って思わない？」と言うと、母は笑いながら私の頭をこづきました。

九　みかどデビュー

私と妹が小学生の頃のことです。

夜遅くに近所の赤ん坊の泣く声がうるさくて、眠れなかったことがありました。

「うるさくて眠れないよ〜。どこの子かなぁ」と部屋から出てきた私たちに、母はすぐに「元気がいい声だから、伊藤さんちの子だね。一ヶ月前に生まれて、実家から昨日戻って来たばかりだよ」と教えてくれました。

まさか、「どこの子か」の答えがすぐに返ってくると思っていなかったので、私たちはびっくりしました。

「よく知っているね、お母さん」と言うと……、

「ヨーコ、当たり前だろう。お母さんは『大島のコンバット』なんだからな」と父が茶化しました。

「だって昨日、うちの前にタクシーが停まって、伊藤さんの旦那さんが赤ちゃんを

抱いて降りて来たんだよ」と母は種明かしをしました。

そう話している間も、赤ちゃんは泣き続けています。

「それにしてもうるさいね……」と、うんざり顔の私と妹の背中を母は軽く叩きました。

「夜泣きは、ちょっとの間だけよ。町のみんなが少し我慢すればいいの。それが思いやりだよ。だからアンタたち、さっさと寝なさい」

「……大人の世界って我慢なんだねぇ」と妹と言いながら、私たちは眠りにつきました。

翌日学校から戻ると、赤ちゃんがうちの座布団の上で寝ていました。驚いている私に、涼しい顔で母は「預かったんだよ」と言いました。夕方になると、若いお母さんが赤ちゃんを迎えに来ました。

母はニコニコしながら、若いお母さんに「少しは寝られた？」と尋ねました。

「おばさん……お陰さまで一ヶ月分寝た感じがしたし、スッキリしたわ！」

「寝るとおっぱいもたくさん出るからいいのよ」

赤ちゃんが目を覚まし、母親に抱きかかえられ、「ごっくん、ごっくん」と勢いよくおっぱいを飲み始めました。

「いましばらくは、近所の人たちに甘えてもいいんだからね。夜泣きぐらい気にしないでいいのよ。もし、夜泣きで文句を言う人がいたら、『赤ちゃんは泣くのがお仕事ですよ』って言ってあげるからね」

「うちのお母さんは、優しく言うから安心して」と私が言葉を添えると、若いお母さんは「おばさん、頼もしいわ……」と呟きました。ここ一ヶ月、この子が夜泣きするたび、オロオロしていたそうです。泣きやんでほしいと願えば願うほど大きな声で泣き、精神的に追いつめられていたようです。

「うちの前に住んでいる武田さんのおじいちゃんが今朝、嬉しいこと言ってくれたのよ。『お国の宝を産んでくれてありがとう、夜泣きぐらい気にしない、気にしない』って……。涙が出そうになっちゃったわ。まるで親戚のおじちゃんみたいね」

「それはよかったわね……武田さんは戦争で、本当に苦労されたお方なんだよね」

何度も頷きながら、感極まった若いお母さんは指で涙を拭っていました。

「ところで、旦那さん、今日は帰ってくるの？」

「今日は夜勤なんです」

「じゃあ、晩ごはん、うちで食べて行きなさいよ」

「でも……」と遠慮していると、母はさらに頼もしく言いました。

「さっきも言ったけど、子育てが大変なのはいまだけなのよ。私のことは親戚のおばちゃんだと思って、いつでも、赤ちゃんをうちに連れてきてもいいからね」

「私も子守りしてあげるから頼りにしてよ」

調子に乗って口を挟んだ私の言葉に、若いお母さんはタオルのハンカチで目頭を押さえました。

「ありがとう、ヨーコちゃん、おばさん……」

このお母さんだけではなく、乳飲み子を持つどこの親に対しても、母は同じように励まし、手助けをしていました。そんな母を、私は誇らしく思ったし、父もお世話好きな母を温かく見守っていました。

町内の人たちの支えもあり、子どもたちはスクスクと育っていきます。

夜泣きをしていた子どもたちはヨチヨチと歩けるようになると、十円玉を握りしめ、アヒルのような大きなおしりを左右に振りながら大きな声で「ちょうだいな～」と言いながら、みかどにやって来るのです。

我が子を見つめるような母は、お菓子を選ぶ子どもたちを優しく見守っていました。

ちびっ子一人ひとりを名前で呼べるのはみかどのおばさん以外いないでしょう。

夜泣きする赤ん坊を抱えて母を頼っていた頃の若いママたちも、月日が経つにつれ、たくましくなっているように思えました。

「うちの子、やっとみかどデビューができたわ。おばさん、ありがとう。これからもよろしくお願いします。いたずらしたら、ちゃんと叱ってね」

みかどデビューは、母にとっても幸せな瞬間でした。

ここからは店を閉めてからの話になりますが、テレビを観ながら母は小言を言っておりました。子育てに疲れた母親が乳飲み子を殺して自殺を図り、死にきれずにご主人と一緒に警察に出頭してきた、というニュースでした。

アナウンサーが精神科の先生に「この事件、どう思いますか？」と質問し、先生は「母親はきっと疲れていたんでしょうね……」と答えていました。

「そんなことぐらい誰だってわかるわよ。まったく……乳飲み子が大変なのは最初だけなんだから、近所の人たちが協力してあげなくっちゃ、関わらない人たちにも腹が立つわよね……お父さん」

父は「この子、大島に住んでいたら死なないですんだよな、みかどのおばさんがいるからな……」と返していました。

十　ちょっと長めのハシカです

ランドセルを背負っていた可愛い男の子も、中学生になると母親に「ババァ、ふざけんなよ！」と乱暴な言葉を使ったり、シカト（無視）をしたりします。

急な変化に不安になる母親たちが頼るのは――みかどのおばさんでした。

「おばさん、ちょっと……」と母を外に呼び出し、話し込む母親たちの姿を何度か見かけました。

私は偶然、母と良一くんのお母さんとの会話を聞いたことがあります。

「どうしたの？」と聞く母に、良一くんのお母さんは暗い表情でこう言いました。

「うちの子、最近乱暴な口をきくんだけど……みかどには買いに来ている？」

「ちゃんと来ているわよ」

「そう……。うちは共働きであまり家にいないから。うちの子、不良になっちゃうのかな？」

良一くんのお母さんはさらに言い続けます。

「すごく仲がよかったのに亭主のことも無視したりするのよ……。それでいつもイライラしているの。学校の先生に相談したら大袈裟になるし、どうしたらいいのかわからなくて――」

母はそっと、彼女の手を握りました。

「中学生になって反抗期に入ったんだと思うよ。でも、ちょっと長めのハシカみたいなもんだから、母親はどんと構えていればいいのよ」

頼もしい母の言葉に、良一くんのお母さんの表情が少し明るくなりました。

「どんと……か、おばさん、やってみるわ」と、拳を作って胸を軽く叩いて了解ポーズを見せていました。

「あとね、仕事も大事かもしれないけど、こんなときこそ、美味しい料理を作ってあげるのも大切なんだよね」

「おばさん……私、働いているから夕食はいつも簡単なものばかりなのよ。しゃれた料理なんて、作ったことないわ」

「でも料理は大切なのよ。特に男子は中学生になると背丈が伸びるでしょ」

「牛乳はたくさん飲ませているわよ」

「牛乳だけじゃダメなのよ。鉄分や亜鉛がないと、骨は作れないのよ」

「へぇ、おばさん、よく知っているわね」

物陰で聞いていた私も「へぇ」と声を上げそうになりました。

母は得意そうに「この前読んだ女性週刊誌に書いてあったのよ」と手のうちを見せていました。

「特に脳の栄養には亜鉛が必要みたいよ。成長期の子どもには亜鉛や鉄分が大切らしいよ。鉄のフライパンで炒め物するといいんだって書いてあったよ」

「鉄分は、ホウレン草の中に入っているんでしょう？　でも、亜鉛って……何に入っているの？」

良一くんのお母さんが首をひねっていると、すぐに母が言いました。

「亜鉛はね、ひじきとか、あさりとか海産物に多いらしいのよ。それからレバーにもたくさん入っているんだって。焼き鳥屋で買えばいいわよ」

「おばさん、本当に物知りね……。びっくりだわ」

私も驚きました。いくら女性週刊誌からの受け売りとはいっても、みんな覚えているなんて――。「さすが、みかどのおばさん」ってかけ声をかけたくなりました。

「脳みそに必要な栄養素が、骨の成長も助けるらしいよ。成長期の男の子はたくさんミネラルも取らないとダメみたいよ。不足していると身体全体がだるくなり、考えるのが面倒になって、乱暴な言葉や行動を引き起こしやすいって書いてあったわよ」

「あらっ、うちの子、そのミネラルは確実に不足しているわ……」

「断言はできないけど、とにかく美味しいもの作ってあげなさいな。私も良一くんのこと、大事にするから（笑）」

「わかった、美味しいもの作ってみる。おばさん……良一のこと、これからもよろしくお願いします」

「みかどでは、微妙な時期をお迎えのお坊ちゃまをえこひいきすることに決まっているから安心して～」と宣言した母に、良一くんのお母さんも笑顔になりました。

「ありがとう！　みかどでえこひいきされたら良一も一万馬力だわ〜」

「仕事から帰って来て、一生懸命に料理をしている母親の後ろ姿を見たら、絶対に裏切らないから大丈夫よ」という母の言葉に、お母さんは大きく頷きました。

最初とは打って変わって、明るい表情に変わりました。

「こういうときこそ、母親は動じないで、子どもを信じてあげなさいね。親も一緒に成長していくと思うんだよね」

「私、頑張れそうな気になってきた。おばさん、ありがとう！」

物陰で聞いていた私は、そーっと家の中に入りました。

店に戻った母は、良一くんの話は一切しませんでした。こうした口の堅さも、母親たちのよき相談相手の理由の一つなのでしょう。

十一　ヤンキーお坊ちゃまのご来店

確か、母と二人で店番をしていた日のことでした。

珍しくお客さんが少なく、まったりした日だな～と思いながら駄菓子を並べていると、突然、目つきの悪い三人組の高校生が店に入ってきました。

学ラン姿ですが、剃り込みをばっちり決め、眉毛も細く剃っていて、髪の毛は完璧にリーゼントスタイル。典型的なヤンキーです。私は恐怖で身も心も凍りつきました。それぐらい彼らにはすごみがあって怖かったのです。

ところが、みかどのおばさんは平気な顔で、そのうちの一人に向かって話しかけました。

「あらっ、久しぶりねぇ。何年生になったの？」

驚いた彼は、母の顔をまじまじと見つめました。

「高校二年生だよ。おばさん……俺のこと、覚えていてくれたの……？」

「おばさんが、アンタのことを忘れるわけがないじゃない。久しぶりにみかどに来てくれて嬉しいよ〜」

「うん、ちょっと、みかどに行こうかって話になってさ——おじさんは？　元気？」

三人は店内を見回しました。

「元気過ぎて友だちと山登りに行っているから六時を過ぎないと帰ってこないんだけどね」

母の言葉を聞いて、彼らの表情が少し柔らかくなりました。

三人は駄菓子の並んだ棚を眺めながら、「おっ、あんこ玉だ、なつかしいな〜」「こうやって駄菓子を見ていると、ガキの頃を思い出すなぁ……」と話し合っていました。

「俺、ラムネとお麩、買おう」

「俺は……うまい棒とすももをちょうだい」

三人はそれぞれ、ポケットから小銭を出して母に支払いました。先に支払いをすませた一人が、コリスの当たり付ガムを指さしながら呟きました。

「俺さ〜、小学校のとき、みかどで一等賞当たったんだ。いま思い出したよ」となつかしそうな顔をしました。母は三人の顔を見比べました。

「他の二人もこの辺の子なの……？」

一人が胸を張り、敬礼するようなしぐさをしました。

「おばさん、俺はさ、商店街の丸中っていう八百屋の孫ですよ」

「あら、そうなの！　それは失礼しました」と母は目を丸くすると、お巡りさんのように敬礼をしながら言いました。

「できの悪い孫で〜す」と他の子が茶化すと「そういうおまえも、できの悪い亀戸の魚屋の息子じゃないか」と言い返していました。

「ねぇ、アンタたち。自分たちのこと、できが悪いなんて言っちゃダメだよ。おばさんから見たら、みんな立派になってるわよ」

次の瞬間、三人とも、吊り上がっていた目尻が優しくなりました。表情も屈託のない子どもの姿になり、「立派だって」とお互いをこづき合い、照れくさそうにじゃれ合っています。

「あんな小さい子がこんなに立派になったんだ。おばさんは嬉しいよ……」

母が割烹着の端で涙を拭き始め、母の喜んでいる姿をじっと見つめている彼らがいました。

昔みかどに来ていた子と言われても、最初の恐怖がなかなか消えなかった私は、（え〜、この子たちのどこが立派なの？）と思っていました。しかし、母が言葉を発するたび、彼らの表情がどんどん穏やかになるのを見て、驚くやら感心するやら。

彼らが「また来るね」と言って出て行ったあと、母に「あの子たちのどこが立派なの？」と聞くと、母からは意外な答えが返ってきました。

「あの子は、小学生の頃、女の子にいじめられてばかりいたのよ」

「えっ、あの子が？　信じられない……」

「おとなしくていい子だったんだよ。あんな格好をしているのは、いまだけだよ……」

私が「長めのハシカ？」と聞くと、母は「アンタ、長めのハシカ、どこで聞いたの？」と驚いていました。

夕方、高尾山から戻った父に三人の話をすると、「ヨーコ、みかどのおばさんは、子どもたちにとったらすごい人なんだよ」と言いました。

「すごい人かぁ……」

「お母さん、まるで神さまみたいだったよ……」

「おまえが言う通り、神さまなんだよ。だから、お母さんのこともっと大事にしろよ」

「ハイハイ」


実は当時、大島駅前にゲームセンターがあって、ヤクザが出入りしているという噂が絶えませんでした。母は、その周囲を父との散歩コースにして、知っている子がいると、声をかけたりしていました。母なりに心配をしていたようです。そして、父もそんな母に危険がないように、いつもお伴をしていました。

「みかどに買いに来た子どもは、絶対ヤクザ者《もん》にさせない」が口癖だった母は、子どもたちが道を踏み外さないよう、見守っていました。

何年経っても子どもの顔を忘れず、将来を考えるおばさんだからこそ、子どもたちに愛されていたのだと思いました。

十二　みかどは不良のたまり場なの？

みかどに毎日のように来ていたのが、中学三年生の小谷くん。

彼が買うのは、不二家の缶入りミルキー。店の冷蔵庫から一缶出して「おばさん、これください」とお金を払っていると、仲間もやって来て、ブタメンやあんこ玉を食べながらお喋りしていきます。

小谷くんはヤンチャな評判が立っているようでしたが、彼を両親はとても可愛がっておりました。同級生らと楽しく喋っている様子を見ていると、普通の中学生にしか思えませんでした。

しかし、毎日買いに来ていた小谷くんや仲間たちも、二日前からみかどにぱったり来なくなりました。

「なんで今日も大中（大島中学校）の子どもたちが来ないんだろうねぇ」と両親は首を傾げていました。

「そういう日もあるわよ……」と私は言いましたが、

「小谷くんたちに何かあったんじゃなきゃいいけどねぇ」と母は心配していました。

小谷くんがお母さんと一緒にみかどに来たのは、そのすぐあとでした。

「おばさん……うちの学校の生徒がみかどに出入りしてはダメだということになっちゃって……」「本当にすみません」と二人して謝るのです。

両親は顔を見合わせました。

「小谷くん……どうして、みかどに出入りしちゃダメって言われたの？」

彼の顔がゆがみ、「……不良のたまり場だからって……先生が言っていました」と答えました。

「不良のたまり場……？　大中の先生はみかどに一回も来たことないのに、よく言うよね」と母が苦笑すると、小谷くんのお母さんはまた頭を下げました。

「本当にうちの子のせいで、ご迷惑おかけしました」

小谷くんもいつになく堅い表情でした。重苦しい雰囲気を和らげようと、母は、

「……すると、おばさんは不良の親分ってこと？」と冗談めかして言ったのですが、

小谷くんもお母さんも笑いませんでした。

それどころか、「ううん、違うの……おばさん……」と口を開きかけた小谷くんは泣き出してしまいました。

「実はうちの子がクラスで女の子のお財布を盗って先生に見つかったときに『お金はみんなみかどで使った』って……嘘をついたんです」と小谷くんのお母さんが言いました。

「申し訳ありませんでした」と頭を深く下げる二人に、両親は苦笑していました。

「うちの子の話を信じた担任が『みかどは不良のたまり場だから出入り禁止にする』と朝礼のときに全校生徒に向かって告げたそうです」

「本当の話はどうなの？」と母が静かに促すと、小谷くんは「……本当は錦糸町の駅ビルでダッフルコートを買いました。……正直に言ったら、コートを取り上げられると思ったから……みかどで使ったって言っちゃった……」と言いました。

「とんでもないことになったから家に帰って、すぐにお母ちゃんに言ったら、みかどに謝りに行こうって言ってくれたから……来ました」

「そのコートは返品して、女の子にお金は返しました。関係のないみかどさんにまでご迷惑をおかけしてしまって……申し訳ありません」

お母さんがまた頭を下げるのに併せて、小谷くんも深々と頭を下げておりました。

「……そうか。小谷くん、もう大丈夫だよ〜。謝ったんだからもう気にしなくていいよ」と穏やかな父が笑いながら言いました。

「言いに来てくれてありがとう」と母も小谷くんの、涙でグシャグシャになった顔を見つめていました。

「おばさんは、小谷くんが正直に言ってくれて嬉しいよ。さっき、なんで最近小谷くんたちが来なくなったんだろうって、おじさんと話をしていたところなのよ」

「小谷くん、先生からの出入り禁止が解けたら、またみかどに買いに来てくれるよな……？」

父の言葉に、ずっと緊張していた小谷くんも大きく頷きました。

小谷くんとお母さんは、「本当にすみませんでした」と最後にもう一度、深く頭を下げて帰っていきました。

その日と翌日は、さすがに大中の生徒は来ませんでしたが――三日目になると、生徒たちは「やっぱり、みかどに来なきゃ一日が終わらないや」とやって来て、その仲間の中に小谷くんも入っていました。

少し気まずそうでしたが、母の「小谷くん、いらっしゃい！」という明るい声に、いままでと同じように缶のミルキーを取り出し、「おばさん、これください」とお金を出しました。

以前と変わらず小谷くんを可愛がる両親のことを、心の大きな人たちだな……と思いました。

子どもの成長を見守るって簡単に言うけど……大変ですね。

十三　お巡りさん、子どもを信じてあげてください

その日は、誠くんが血相を変えて、「ねぇねぇ、おばさん聞いてよ～！」と呼吸を乱しながらみかどに入ってきました。そのとき、瞳が涙で濡れていました。

「どうしたの？」と私が質問すると、

「僕さ、いま、お巡りさんに捕まっちゃった……」と言うのです。

「えっ、なんで？」

誠くんは中学生になったばかり。悪いことをするような子ではないので、母も私も驚きました。

「お兄ちゃんからもらった自転車に乗っていたら、お巡りさんが、『オイ、止まれ！』って……」

自転車泥棒と間違えられたようです。

「『おまえの名前は？』って聞かれて……めちゃくちゃ怖かったよ」

思い出したのか、誠くんの目に涙がまた溜まりました。

「頭に来ちゃうね！　交番に文句言ってあげようか？」

「えっ、おばさん、交番に行ってくれるの？」

「おばさんじゃなくて、うちの怖いおねえさんが行ってくれるわよ〜。おねえさんは正義の味方だから、お巡りさんを叱ってくれるよ」

お菓子を棚に並べていた私は、いつの間にか怖いおねえさんになっておりました。

「あら、怖いなんて言わないでよ。イメージが悪くなるでしょ！」とクレームを言うと、「正義の味方なのは本当だろう」と母が言いました。

「おねえさん、お巡りさんのこと、ビビらせてよ」

誠くんは期待を込めた目で、私をじっと見つめていました。

ビビらせる前に、（どうしてお巡りさんは誠くんを疑ったのだろう……）と彼を観察していました。

（誠くんは身長は高いし、金色のネックレス……お兄ちゃんのお下がりだろうけど、ブランドもののTシャツをオシャレに着こなしている。お巡りさんも、先月までランドセルを背負っていた小学生だとは思わないから、職務質問したんだわ……）と思いました。

　誠くんは、（僕は悪くないよね？）と言いたげな表情で私を見つめています。

　私はゆっくり首を横に振りました。

「腰に警棒ぶら下げているお巡りさんが、突然そんな腹の立つ言い方をするなんて失礼だよね、誠くん」

「うん」と誠くんが悔しそうに頷きました。私も話しながら段々興奮してきました。

「そう考えると、不良少年はお巡りさんが作っていると言っても過言ではないわ」

　すると母が慌てて口を挟んできました。

「ヨーコ！　お巡りさんだって一生懸命やっているんだから、そんな偏った考え方はよくないよ」

「だって、お母さん。誠くんはまだ十二歳だよ～。お巡りさんだって、『キミはいくつ？』から質問しないとね」

「そりゃあそうだけど……だからって、お巡りさんが不良を作るなんてアンタの思い込みはよくないわよ」

「お母さんはどっちの味方なのよ！」

「敵とか味方とかの話じゃないでしょ……」

母娘ゲンカが始まると、誠くんは少し冷静になったようです。

「ね、誠くん？」と私が援軍を頼もうとすると、「僕、まだ子どもだから、な～んも言えないし～」とウインクをしてきました。

母をなんとか言い負かそうと口を開きかけたとき、店の奥でブタメンを食べていた三人組の高校生の一人が話に加わってきました。

「男だったら、いつでもお巡りに職質される覚悟をしていないとダメだぞ」

「なんでなの？　それってひどくない？」と私が怒りを込めて聞き返すと、高校生は達観したように言うのです。

「お巡りはさ～、俺たち高校生はみんな万引きする生き物だと思っているんだよ」

「なぁ、誠くんだっけ……？　学校はどこ？」

「大中です」

「じゃあ、俺の後輩だな。だったら、田中って体育の先生、知っているか?」

「田中先生なら僕、習っています」

「あいつはさ、いつでも生徒の味方だから——お巡りと揉めたら、すぐに相談に行ったらいいよ」

そう言われて、誠くんはホッとしたような顔をしました。

「わかりました。ありがとうございます」

「男の子って大変なんだね……」と母が呟くと、「おばさん。男ってさ、女と違って、面倒くさいことが結構あるんだよ」とその高校生は穏やかに言いました。

母はそれを聞いて黙り込みました。(どうしたのかな?)と思っていると、突然、母が手を打ちました。

「……あっらま~、神尾くんじゃない? 大きくなったから、おばさん、わからなかったわよ~」

神尾くんは膝から崩れ落ちました。

「やっと気づいてくれた! おばさん、気がついてくれないからどうしようかな~

と思っちゃったよ。おばさんは変わらないね～」

そして、店内を見回し、「今日は、あのおとなしいおじさんはいないの？」と聞いてきました。

「いま仕入れをしに錦糸町に行っているわ」

「そっか～、久しぶりにおじさんにも会いたかったな」

二人の友人に「俺、ガキの頃、みかどのお菓子で大きくなったって言えるぐらい、毎日ここに通っていたんだよ」と話す神尾くんは、すっかり大人の雰囲気を醸《かも》し出しておりました。

「あのちびっこだった神尾くんなの？　本当に立派になっちゃって……」と母が涙ぐむほどでした。

私は（お巡りさんに職質され、泣きながらみかどに駆け込んでくる誠くんも、数年後には神尾くんのようになっていくんだろうな～）と思いました。

ふっと誠くんと目が合うと、すっかり落ち着いており、「ファイト……！」という私の言葉に、誠くんも大きく頷きました。

「私がお巡りさんをビビらせに行かなくても大丈夫みたいだね」と言うと誠くんはハイタッチをしてきました。「ありがとうございました！」と神尾くんたちに頭を下げて、しっかりとした足取りで店から出て行きました。

成長した子どもが年下の子どものよき手本になり、誠くんも大人になるための仲間入りをするのです。みかどはそんな貴重な場でもありました。

十四　カズくんのこと

母の楽しみの一つは、お店が終わったあと、のんびりテレビを観ることでした。

みかどを間もなく閉める、というその夜のことです。どこの局も面白い番組をやっていないのか、しばらくチャンネルを回した母は、スイッチを消してしまいました。

私は「お母さん、お茶でもいれようか？」と立ち上がりました。

「そうだね……そうしてもらおうか」と母が言うと、うたた寝をしていた父もむくっと起き上がり、「俺にもお茶くれ」と言いました。

テレビを消して静かな空間の中、親子三人のお茶タイムとなりました。

「我妻さんのお茶は相変わらず美味しいねぇ。やっぱり努力している店は味が違うよね」と言った母に「お母さん、みかどをやめるのって、寂しくないの？」と思わず聞いてしまいました。

「そりゃあ寂しいけど……身体がついていかないんだよ」

お茶の時間がちょっとしんみりしたものになりそうで、私は話題を変えました。

「お母さん、みかどのお客さんで印象に残っている人はだぁれ？」

「……誰だろうね」と母は考え込みました。たくさんの子どもたちと接してきたからすぐに答えられないのも当たり前です。

「私はね、カズくんが印象に残ってるけどね……」

「カズくんか……」と父が大きく頷きました。

「あの子は俺も忘れられないな。うちのお母さんと出会っていなかったら、少年院に送られていたかもな〜」


その頃、カズくんは高校三年生で、夕方になるといつもみかどに立ち寄っていたのです。都心の高校に通っていたカズくんは、色白で背も高く、人気ドラマに出演していた俳優みたいにハンサムな風貌でした。話も面白く、私の大好きなお兄ちゃんの一人でした。

でも――カズくんはいつも睡眠薬を飲んでいるせいで、ろれつが回らずフラフラしていることが多く、「ラリってる」状態でした。

そんなカズくんを、ありのまま受け入れている両親でした。

カズくんは学校帰りに、他校の生徒とよくケンカもしていました。

「他校の生徒に絡まれた」とみかどに現れたカズくんは、おでこが赤く腫れていたり、口の端や手の甲に血がついていたりしていました。それでも母は説教もせずにいつも笑顔で接し、何も聞かずに傷の手当てをしたり、ズボンが破れてかぎ裂きになれば、カズくんを黙って家の中に入れてズボンを脱がして繕ってあげていました。

そして、穏やかに言うのです。

「カズくん、おばさんはズボンを縫ったり、ケガの手当てをしたりするのは全然構わないのよ。でも、ケンカは痛いし、つまらないからやめときなさいよ。逃げるが勝ちって言葉もあるんだよ……」

カズくんは「おばさんの言う通りだよ。ケンカは痛いから、俺もイヤなんだよなぁ」と呟き、傍にいた看板娘の私の頭を撫でながら、「ヨーコ、おまえはケンカしたらダメだぞ」と偉そうに言うのです。

カズくんは調子がいいな～と子どもながらに思っていましたが、そう言いながらもまた、ケンカをしてくるのです。

それでも両親は、どんなに忙しいときでも、カズくんを笑顔で迎え入れていました。


ある日、いつものようにみかどにやって来たカズくんが言いました。

「おばさん、俺、今度『DAN』っていうメンズ服の試験受けるんだ」

『DAN』は子どもの私でも知っているメンズショップでした。カズくんは学校の推薦でそこを受けることになりました。母も父も喜んでおりました。

「カズくんはオシャレだから、先生も相応しい会社を推薦してくれたんだね」

「ところでおばさん……お願いがあります」と改まった姿勢でカズくんは言いました。

「その会社に提出する書類があるんだけど、保護者の欄、書いてくれる？」

「おばさんは構わないけど——保護者なんだから、お母さんに書いてもらうのがいいんじゃない？」

「うちのお袋は年だから、間違って書きそうなんだよ。それにお琴の先生をやってるだろ？　忙しくて家にいないことが多いから……」

　両親はちょっと顔を見合わせて、（どうしようか）と目で会話していました。カズくんは母の言葉をじっと待っています。

「――おばさんは一向に構わないけどね。書類を代わりに書いたりしているのを知ったら、カズくんのお母さんが寂しく思わないかなぁ～」

「俺が、何も言わなければわからないよ。うちのお袋は、おばさんには感謝しているんだからさ」

　黙って聞いていた父が「カズくんの兄《あん》ちゃんが昨日みかどに来たよ」と不意に言うと、

「え？　兄貴が？　なんか俺のこと言っていた？」と驚いていました。

「いまでもみかどに来ているのか？って聞いてきただけだよ。『来ているよ』って返事をしたら、『あっそ……』って言って帰って行ったよ」

「兄ちゃんもお母さんも、カズくんのこと心配しているんじゃないの？」

母の言葉に、カズくんはしばらく目をつぶって考えていましたが、

「じゃあ……今日は久しぶりに家に帰ろうかな……」と言い出しました。

「えっ、いままで帰っていなかったの？」と驚く母に、

「冗談だよ。おばさん、びっくりした？　アハハハ」とカズくんは楽しそうに笑っていました。

カズくんはその日、家に帰り、書類もお母さんに書いてもらえたようでした。

無事に入社試験に合格したカズくんは、銀座の本店で販売員として働くようになりました。ケンカでケガをすることも、ラリっていることもなくなりました。

月日が巡り――カズくんは結婚して家庭を持ち、いまでは素敵なおじいちゃんになっているようです。

カズくんが立派な社会人になれたことは、両親の喜びでした。

「お母さん、カズくんみたいな子どもは他にもいた？」

「いたけど……みんな立派な大人になったよ。私は、みかどに一歩でも入ったら、どんなに悪いことしてもヤクザ者にはさせないって決めていたからね」

「すごい意気込みだね。いつから、そう決めたの？」と聞くと、母は遠くを見つめました。

「……お母さんにいつも挨拶してくれる男の子がいたのよ。すごくいい子だったのに、他校の生徒と乱闘になって、少年院に送られた話を聞いてからかな……」

「だから、頑張ったのか……」

「だって、悔しかったんだよ。親孝行でいい子だったのに、たった一回、他校の悪ガキとケンカをしただけだったのに……」

「カズくんは無事でよかったね……」

「おまえが言うほど、たいしたことしてないよ。当たり前のことをしただけだよ」

よその子も、我が子と同じように接する——その当たり前のことがどれほど大変なことなのか、近くで見ていた私はよく知っています。

身構えずに言う両親だからこそ、子どもたちはみかどを心のよりどころにしていたのかなあと思います。

二章

学びの場・みかど

俺たち、職人になるんだよ

子どもたちも大人同様、様々に悩みや夢を持ちます。

好きな子のこと、家族のこと、友だちのこと、将来のこと――。

みかどはそんな子どもたちの社交場であり、心のよりどころで、学びの場でもありました。

中学三年生の子たちがみかどに集まっているとき、母が彼らに尋ねたことがありました。

「毎日みんなに会えるからおばさんは嬉しいけど、アンタたち、進学はどうするの？」

「大丈夫、大丈夫」と彼らは笑いながら言いました。

「おばさん、俺たち、みんなして職人になるんだよ」

「そうそう。もし、高校に行くんだったら、今頃、必死で勉強しているよ」

「へえ、職人ねぇ……」と母は嬉しそうに目を細めました。

子どもの成長は本当に早いです。ヨチヨチ歩きだった子どもたちがあっという間に学校を卒業して働きに出る年頃になるのが、母にとって嬉しいやら寂しいやらで複雑な心境みたいです。

一人が店内をぐるっと見回し、「おばさん、みかどは建って何年？　古いよね」と言い出しました。

「何年かな……。かなり古くなってきたわね……」

という母の言葉を聞いて、「俺、タイル職人になるから、みかどをリフォームしてあげたい！」と元気よく言いました。

他の子どもたちも次々に声を上げました。

「俺は水道工事の職人になるから、俺もリフォームしてあげる！」

「あら、じゃあ、お父さんの跡をみんな継ぐのね」

「そう、親父、喜んでいたヨ」

それを聞いて、母が「そりゃそうでしょう、おばさんも嬉しいわぁ」と言うと、「おばさん、おばさん。俺は壁紙を張り替えてあげるからね……」と、おとなしい子もボソボソと言いました。

「今日みかどに来てないけど、柳沢は大工になるんだよ」と別の子が言うと……、

「よーし、将来、俺たちの手でみかどをきれいにしようぜ！」と盛り上がる彼らに、母は涙ぐんでいました。

「おばさんはアンタたちの気持ちだけで十分だよ」

「遠慮すんなよ、おばさん！」

「でもさ……」と一人がボソッと言いました。

「職人になるのはいいけどさ〜、朝早いのがちょっと面倒くさいよね……」

「遅刻もできないし、風邪ひいても休めないもんね」

彼らは厳しい職人の世界に対して、少し憂鬱になっているようです。

「父ちゃん、朝五時に起きているし……母ちゃんは父ちゃんの弁当作っているから、もっと早く起きているんだよ。生きていくのって大変だよね……」

中学生の子どもたちは、大人びた顔をして考え込んでいました。

「そう考えると、みんなのお父さんもお母さんも偉いわね」と母が言うと、彼らは

口を尖らせて「来年からは、俺たちも早起きだよ……」と訴えました。

「職人になると、みかどにも毎日来るのは難しくなるねぇ。おばさんはこれから寂しくなるね……」としょんぼりした母に、彼らは慌てたように、

「おばさん、寂しがらないでよ」と言いました。

「そうだよ、俺たち日曜日にはここに集まるから！」

「ありがとう。みんなに会える日曜日が楽しみになってきたわ」

「おばさん、気が早いよ。アハハ」

そして、彼らは本当に職人になってから、日曜日にはみかどに集まるようになりました。話題は仕事のことや家族のこと、そして恋人の話に変わりましたが、母はそんな彼らの話を楽しそうに聞いていました。

こうした会話にも、彼らの成長を母は感じていたのでしょう。

二　国語はラブレターを書くためにあるの？

　進路のことなどまだ頭にない、もっと幼い子どもの悩みも母は真剣に聞いてあげていました。ある雨の日、小学五年生の孝治くんが、幼稚園に通う妹の春奈ちゃんを連れて駄菓子を買いに来ました。

　母が「孝治くん、明日から夏休みだね。この夏休みは何をするの？」と聞くと、孝治くんは不機嫌そうに言いました。

「おばさんは、いつも僕のことを『孝治くんはお利口さんだね』って言うけど、今日もらった通信簿、よくなかったよ……」

　ちょっとへそを曲げている感じで怒っていました。

「でもねぇ、孝治くん」と母はなだめるように言いました。

「この前お母さんがみかどに来たとき、うちのお兄ちゃんは春奈ちゃんや要くんの世話をよくしてくれるって言っていたよ。孝治がいるから助かるって、喜んでいたのよ。お米も研いでくれるんですよって褒めていたから、嘘じゃないのよ」

その言葉で、孝治くんの怒りは少し収まったようです。

「……う～ん。でもさ……お米を研いだり、妹の面倒を見るのは家族だったら当たり前だよ、おばさん」

「孝治くん。通信簿で何が一番悪かったの？」と私は口を挟みました。

「国語。先生の教え方がへたくそなんだよね……。教科書に漢字がいっぱい出てくるしさ、覚えられなくて、焦っちゃうんだ……」

顔をしかめる孝治くんに母が質問しました。

「国語はなんで勉強するんだと思う？」

「えっ、なんだろう？　日本人だから、漢字を覚えたりしなくちゃいけないんじゃないの？」

「ブー！　外れです」と母はおどけた口調で言いました。

「えっ、じゃあ、なんのため？」

「国語はね——孝治くんが好きになった女の子にラブレターを書くためにあるのよ」

「ラブレター……」

孝治くんは頬を赤らめ、瞳が輝き始めました。

「自分の気持ちを素直に伝えるラブレターだよ」

「うっそ〜！　僕たちってラブレターを書くために勉強しているの？」と照れながら聞き返してきました。

「私たちはみんな恋をして結婚して子どもを産むことは大切なことだから……。人を好きになったときにラブレターがどれだけ大切か、わかるわよ」と私も会話に参加しました。

「誰かを好きになったら、ラブレターをみんな書くよね。そうかぁ、国語って、やっぱり大切なんだね。僕、担任の先生がなんだかいい人に思えてきた」と孝治くんは納得したのか……笑っていました。

もうひと押しと思い私は母からバトンタッチしました。

「国語は、好きな人にラブレターを書くためだけじゃないんだよ」

「えっ、他にもなんかあるの？」

「国語は人生の扉を開けるためにもあるんだよね。例えばの話だけど――孝治くんが大人になって会社に入り、その会社でロケットが作りたいと思っても、何もしなければ何も作らせてはもらえないよね。企画書っていうラブレターを書いて会社に提出しないとね。社長がもし気に入ったら、ロケットを作るためのお金を用意してくれるのよ」

ロケット、と聞いて孝治くんの顔の輝きが増してきました。

「おねえさん、アトムみたいに賢くて可愛いロボットが作りたいって、なんとなく、思っていたんだぁ」

「なんで？」

「最終回を観たんだけど本当に感動して、お父ちゃんと一緒に泣いたんだ。だって、アトムは自分の命と引き換えに、僕たちの地球を守ってくれたんだよ。そりゃ、泣くよね……。でも科学者なんて、僕には絶対無理だと思っていたけど、おねえさん……いまからでも間に合うかな？」

「いまから勉強すれば、科学者にだってなれるかもよ」と私が調子を合わせると、隣にいた母は（ヨーコ、調子に乗ったらダメ）という厳しい表情をしましたが、すでに遅し。

「おねえさん、科学者にはどうしたらなれるの？」と矢継ぎ早に質問をされて、私も一生懸命考えました。

「そうだね、まずは素敵な企画書を書かないとね」

「さっき言っていたラブレターっていうやつだよね？」

私が頷くと、「それから？」とさらに聞いてきました。

「数学とか理科も絶対に必要だよね。あとは……意外かもしれないけど、体育も必要かもね」

「えっ、なんで？」と驚く孝治くんに説明しました。

「ロボットはチームワークで作るから、団体のスポーツをやるといいかな……。忍耐力や協力し合う心も大切だから、野球部とかバレーボール部もいいんじゃないの？」

孝治くんはじっと私の言葉に耳を傾けていました。

「それと……孝治くんたちが大きくなる頃には、日本でもロケットを作っているだろうし、ロシアやアメリカの人たちと一緒に宇宙に行くかもしれない。そうなると、語学も大切だよね」

「おねえさん、いま習っている勉強はみんな大切なんだね……。僕がこれから頑張れば、ロボットやロケットが作れるかもしれないね」

真剣な表情で、孝治くんは勉学の大切さを語っていました。

私も真摯な気持ちで伝えなければいけないと思う気持ちと、同時に孝治くんを応援したくなりました。

「大学にはロボットやロケットの研究会があるから、入れるように頑張ればいいんじゃないの？」

「……どこの大学？」

「ロボット研究会がある大学を、担任の先生と一緒に探せばいいでしょ。でも……いまから聞くの？」

「もちろん！　いまからちゃんと考えておきたい。お父さんもアトム好きだからきっと喜ぶと思う」

そして、孝治くんは私と母に笑顔を見せました。

「なんだか僕の将来が見えてきた気がする。おばさん、ラブレターの話をしてくれてありがとう」

次にどう行動するのか、孝治くんはちゃんと考えられる子でした。

「だからおばさんが言ったでしょ。孝治くんは、お利口さんだって！」

孝治くんは照れくさそうに頷いて笑っていました。

「おばさん、おねえさん、僕、いままで気がつかなかったけど、勉強は僕の夢を可能にするんだね。真面目に勉強したいなあと初めて思ったよ」

私は母と顔を見合わせました。

「孝治くん。ゆっくりやりなさいよ。人生長いんだからね～」

「うん。担任の先生と相談しながら、ロボット作りのために勉強するよ！」

雨が激しくなり、雷まで鳴り始めました。妹の春奈ちゃんが、お喋りに夢中になっている孝治くんの半ズボンの裾を引っ張り……、

「お兄ちゃん、雨がいっぱい降ってきたよ……早く、帰ろう」

「ごめん、春奈、もうお菓子買ったの？」

「とっくに、買ってたよ」と駄菓子が入った袋を孝治くんに見せました。

孝治くんは春奈ちゃんの傘を開いてあげ、「おばさん、また来るね！」と二人は仲よく帰って行きました。

二人を見送ったあと、母は私を見ました。

「ヨーコ……孝治くんに随分と空気を入れたわね。大丈夫なのかい？」

どうやら心配になったようです。

「言っておきますけど、お母さんのラブレター話の続きだからね。悪いことを教えたんじゃないから、大丈夫よ」と私は澄まし顔で言いました。

「そりゃあ、そうだけどね……」

「ところでラブレターのことは、女性週刊誌かなんかに書いてあったの？」

お喋りをしながらも、国語とラブレターの関係が気になっていました。

「秘密だよ。ヨーコに言うと笑うから」

「石原裕次郎の映画に出てきたセリフとか……？」

「違うわよ～」

「じゃあ、何？　教えてよ」

　再三ねだると……、

「この前、お昼のドラマを観ていたら、ラブレターの場面が出てきたのよ。文字がきれいで、内容も素敵だったのよ。……ああ、国語の勉強ちゃんとしておけばよかったって思っちゃったの」と教えてくれました。

　なんと、母の実感から出た言葉だったのか……。

「あら……素敵じゃない！　お母さんのこと、笑わないわよ」

　それから一週間後。あの孝治くんが今度は弟の要くんを連れて、みかどに来ました。

「おばさん、あんこ玉、ちょうだい」

　孝治くんは「ハイハイ」と言う母に向かって……、

「おばさん、あれからね、担任の先生に言ったら調べてくれたんだ。W大学にロボット研究所があるって！」と嬉しそうに言いました。

孝治くんはちゃんと実行に移していたのです。夢への第一歩をしっかりと踏み出しました。

それを聞いた母も嬉しそうでした。

孝治くんが帰るとき、「博士、頑張ってよ！」と私が声をかけると――「任しといて！」と拳を突き上げてました。

孝治くんが博士になったかどうかはわかりませんが、どの道に進んだとしても、頑張っているはずです。

三　おばさんの涙

科学者になりたいという夢に突き進んでいる子どもがいるかと思えば、家庭の問題を抱えている子どももみかどには来ていました。

努くんのおうちは、お父さんがトラック運転手で家に帰って来ない日が多く、たまに帰って来ても、ずっとお酒を飲んでいるのです。小学校二年生の努くんを筆頭に、六歳、四歳、二歳。生活はとても苦しく、お母さんは錦糸町のキャバレーに勤めておりました。

そしてある日、お母さんは仕事に行ったまま、帰って来なくなりました。

お父さんは相変わらず、家に帰ってきたり帰らなかったり。そして、帰ってきても子どもの世話もせずに酔っぱらっているだけでした。

当然、子どもたちは風呂にも入らず、いつもお腹を空かせていました。

不憫に思った母は努くんたちをうちの居間に呼び入れて、夕食を食べさせていました。

子どもたちと世間話をしていると、二ヶ月後には小学校に入る六歳の長女明美ちゃんが、「あいうえお」も数字の数え方もまったくわからないことが判明しました。親からほったらかしにされた上、幼稚園にも通っていなかったからです。

母は慌てて、明美ちゃんに勉強を教え始めました。

店番して、家事して、さらによその子の世話まで――。母は愚痴ったりはしなかったけど、肉体的にも相当大変だったと思います。

そんな母の頑張りを見ていたご近所さんは、努くんたちを風呂に入れたり、夕食を食べさせたり、洗濯をしてあげる家もありました。

その頃の下町はみんなで協力し合う習性がありました。

努くんたちはあちこちのおうちに行けるので喜んでおりましたが、さすがにずっと続けるわけにはいきません。

とうとう、おばさん軍団は努くんのお父さんに「このままでは子どもたちがかわいそう。もっとしっかり考えてやってほしい」と苦言を呈しました。

数日後――上の二人はお父さんが引き取って育てることになり、下の二人は施設に入ることになりました。家族がバラバラで暮らすことになりました。

母もご近所さんも、父親が世話をするのが一番いいと思ってはいましたがトラック運転手という仕事柄、致し方ないと思っていたようです。

母は私に「施設で暮らせば、きちんと食事もあるし、お風呂も入れるから安心だわ」と明るく言うので、私も「そうだよね……」と返しましたが……。

離れ離れになってしまった子どもたちを不憫に思ったのか、その日の晩、暗い階段に母が座り込んですすり泣いている姿を見てしまいました。

私も泣けてきました。

四　勉強が大好きなのに……

お客さんの中にとても印象深い子がいました。中学三年生だった清太くんです。彼はいつも一人でお菓子を買いに来ていました。そんな清太くんのことを同級生の女の子たちが「ねぇねぇおばさん、清太くんって、塾にも行かないのに、クラスで二番なんだよ」と噂をしていたことがありました。

そんな話を聞くと、母は黙っていられない性分です。数日後、みかどに来た清太くんに向かって、「学校の成績がいいんだってね。クラスの女の子たちが言ってたよ」と声をかけました。

一瞬恥ずかしそうな顔をしましたが、すぐに浮かない表情になりました。

「う〜ん、でも、英語が苦手なんだよね……」

「あらっ、英語ならうちのおねえさんに習ったらいいわよ」

清太くんは目を輝かせ、私の顔を見ました。

「えっ、いいの？　おねえさん」

「いいわよ。いつでもおいでよ」

清太くんは私に近づいて、さらに疑問をぶつけてきます。

「おねえさんはどうして英語ができるの？」

「英語の学校にも通ったけど、免税店で働いていたからね」

「免税店って……？」

「日本製の電気製品とかカメラを外国人に売っている店でね。店員さんはみんな英語で話すのよ」

「わ～、カッコいいなぁ」

「そんなことはないけどね」と私が言うと、

「おねえさん――来週、期末テストがあるんだ。いまからでも教えてくれる？」

「いいわよ」と清太くんに言って、店の奥にある小さな居間に招き入れました。

カバンから英語の教科書を出すと、すぐに質問して来ました。英語が苦手でも、勉強は苦にはならないタイプなんだなあ……と思いました。

勉強の合間に何げなく、「清太くんの夢はなあに？」と聞いたのですが、それまでハキハキと応じてくれたのに突然言葉につまってしまいました。

（まずいことを聞いたのかな？）と思って、すぐに話題を変えると、清太くんに笑顔が戻りました。

一時間ほど経つと、「僕、そろそろ帰ります」と急いで勉強道具をしまい始めました。

「もう少しいてもいいわよ？」と言ったのですが、

「僕は晩ごはんを作らないといけないから……」と言うのです。

「清太くんが夕飯を作るの？」

「うん。お父さんが帰って来る前に作らないと……叱られるんだ。おねえさん……また、来てもいい？」

「いつでもどうぞ」

清太くんはニコッと笑って、走って帰っていきました。

あとで母が清太くんの事情を話してくれました。

「あの子は一人っ子で、お母さんは精神的な病を患っていてね。お父さんは町工場で働く工員さんなんだけど、お酒に飲まれちゃうらしくて……家族に暴力を振るうらしいんだよ。だから清太くんは結構苦労しているみたいだね」

「お母さん、なんで、そんなによく知っているの？」

「清太くんの近所の吉村のおばあちゃんが気の毒がっていたんだ。だから、ちょっとでもいいから、あの子の喜ぶことをしてあげたくってね……」

「お母さんらしいね……」

母は「おまえのへっぽこ英語でも少しは役に立ったわね」と笑っていました。清太くんはそれから三回くらい「英語を教えて」と訪ねて来ましたが、突然、駄菓子を買いに来なくなりました。

しばらくすると、清太くんが、昼は工場で働き、夜は高校に通っているという噂話が耳に入ってきました。

それを聞いて「夢はなあに？」と尋ねたとき、言葉につまった清太くんが理解できました。彼にも夢の一つや二つくらいあったと思いますが、中学を卒業したら、働くことが決まっていたんですね。

当時は家庭の事情で進学を諦めた子どもは他にもたくさんいたそうです。

五　いじめっ子の奇跡

子どもたちを悩ませるのは、勉強や進学だけではありません。昔から「いじめ」がありました。

ある日の午後、小学校五年生くらいの男子が三人やって来て、どこかで万引きをしてきた、という自慢話をしていました。

母は何げない調子で「万引き……どこでやってきたの？」と尋ねました。

「おばさんには言わねーよ。ハハハ」

春夫という子は笑っているだけで、竜二という子も「おばさん、バレなかったから、いいじゃんか」と強気な態度でした。

でも、瞳のきれいな秀男が「万引きはダメだよね、おばさん」と言うと、万引き自慢をしている二人は顔をしかめました。

「おまえはさ～、真面目過ぎるから、いじめられるんだよ。ほら、早く俺たちに奢れよ。さっきちゃんと約束をしただろう」

　どうやら、仲よし三人組というわけではないようです。

「あ～ら、アンタたち。いじめたりしたらダメよ～」

　と母がやんわり釘を刺したのですが――。

「おばさんには関係ないし、学校はそんなに単純なところじゃないんだよ」

「おばさん、シャラップだよ。意味、教えてあげようか？」

　二人の少年は母をからかい、ゲラゲラ笑っていました。

　母は「おばさんはね、はっきり言うけど、いじめは嫌いだからね」と二人を叱ろうとしましたが、母の言葉を遮《さえぎ》り、

「分っちゃいるけど、やめられねぇ～。おばさん、俺はさ、植木等と同じなんだよね」と、竜二は歌うように母をからかいました。

「アンタたち、そんなに可愛い顔して、どうしていじめっ子なの？」と、母は笑い続ける二人をじっと見つめ、そんなストレートな問いに、子どもたちは一瞬戸惑った様子でした。しかし、リーダー格の竜二は強気な態度で母に向かって……、

「おばさんには俺たちのこと、関係ないじゃん！」と言い返してきました。

「大いに関係あるよ。親を悲しませるような子どもはみかどに来ないでよ。

おばさん泣きたくなるよ。アンタたちのお母さんはね……いじめっ子にするために、アンタを産んだつもりはないと思うよ」

娘の私にも母の思いが胸に刺さりました。

（あ〜、みかどのおばさん、本気で子どもを叱っているわぁ……）

思わず、私は息を殺して、母と子どものかけ合いを見守っていました。

「親を泣かせる子は『カッコが悪い』と思うよ。気風のいい男にならないとダメだよ。覚えておきなさいね」

母の諭《さと》す言葉に、春夫と秀男はこっくりと頷きました。

真っ青になった竜二は「みかどのババア、うるせぃから、みんな帰ろうぜ」と吐き捨てた言葉で応戦しました。

啖呵《たんか》を切って店から出ようとしましたが、秀男も春夫も動こうとはしませんでした。

「おい、帰ろうってば！」

「うちの母ちゃんさ～、みかどのおばさんのファンだから、俺、おまえとは遊べない……」と春夫の言葉に秀男も頷きました。

「だから、何っ？」

竜二が睨みつけると、二人は竜二から目をそらして、狼狽《うろた》えていました。

「だから、何って、聞いてんだよ！」

なおも問いつめる竜二に、母が声をかけました。

「人をいじめていたら、取り返しがつかなくなるから……本当にやめなさいよ」

「チェッ！　うるせぃや～！　クソババア！」

そんな捨て台詞を吐いて、竜二は店から飛び出して行きました。残された二人が青い顔をしてオドオドしていると、母はそんな二人に微笑みかけました。

「親が悲しむような子どもになったらダメだからね～。でもね、人間はいつでも立ち直れるから大丈夫。これあげるから、早く竜二くんのところに行って、仲直りしておいで、わかった？」

母はフィリックスガムを三つ、子どもに持たせました。

「おばさん、ありがとう」と言ってガムを握りしめて、みかどから飛び出していきました。

それから数日後——三人は何もなかったかのように、みかどに買いに来ました。竜二はちょっと照れくさそうでしたが、自分のお金で払ってお菓子を買っていました。たった十円のガム三つで、母は子どもたちの目を覚まし、そし友情が壊れないように修復させたのです。

六　いじめられっ子の小さな一歩

中にはもっと深刻ないじめに苦しんでいる子どももいました。

ある日、久しぶりに来た中一のひろしくんに母がしみじみ言いました。

「お兄ちゃんも、すっかり大人っぽくなったわね」

ひろしくんの妹のかおりちゃんもみかどの常連だったので、両親はひろしくんのことをいつも「お兄ちゃん」と呼んでいました。

「おばさん、空手部に入ったらシャレにならないくらい厳しいんだよね――忙しくて、みかどにもなかなか来られないよ」

愚痴めいたことを言っていたひろしくんが照れながら、胸を拳で叩きました。

「なんだかさ～、練習していると、ここが、どんどん優しくなるんだ。練習は辛いけど、頑張っているよ、おばさん」

「あら！　よかったわね」と母の顔がパッと明るくなりました。

「おばさんには感謝しているよ。……じゃ、帰るね」

照れくさそうな素振りをしてそう言ったひろしくんが帰ったあと、「どうして、お母さんに感謝なの？」と私は聞きました。

「あの子ね……前に、私に聞いてきたことがあったの」

「なんて？」

「おばさん、死にたいって思ったことある？って。あらっ、これはいじめかな？って、思ったんだよね……」

「――それでお母さんはなんて言ったの？」

母は宙を見つめながら静かにこう言ったそうです。

「おばさんは戦争を体験しているでしょ。戦争が終わって中国の港で日本行きの船を待っているときに、食べるものが何もなくて、気が遠くなり、もうこれで死ぬのかなと思ったことはあるよ――って」

「そしたら？」

「戦争か……俺の話なんか小さいよね……って、ひろしくんが言ったんだよ。何があったの?って聞いたら、ひろしくんは思いつめた表情で『忘れ物をしてみんなの前で担任の先生に叱られたら、昼休みにクラスで一番威張っている子からトイレに呼び出されてボコボコにされたんだ。次の日から、みんなに無視されるようになったんだ』って話していたわ」

ひろしくんは「毎日が地獄なんだよね～」と暗い表情で呟いていたそうです。母は「仲のいい先輩と遊んでいるところを、クラスの子たちに見せびらかせちゃいなよ」と言ったのです。「それって、効果あるの?」と質問するひろしくんに、母は「実はうちのおねえさんの話なんだけどね～」と私の話をしたそうです。

「『ヨーコが小学一年のとき、クラスの悪ガキにいじめられていてイヤだなーと思って、いつも缶蹴りをする仲間にその話をしたら、翌日の昼休みに数人が教室に来てくれたのよ。そして、『ヨーコちゃんをいじめているのは誰だ？　出てこい！』と騒いでくれたら、それ以来いじめられることはなくなったって、うちのおねえさんが言ってたわよ』ってひろしくんに伝えたの。そうしたらひろしくんは、『へー、そうなんだ！　僕も先輩に相談してみようかな……』と言って帰っていったのよ。

先輩というのはみかどにも買いに来る、空手をやっている幸太郎くんで、ちょっといかつい風貌だからぴったりだったのよ。次の日、いじめっ子たちの遊び場の大島神社で幸太郎くんから空手の型を習っているときに、クラスで一番威張っている子とその仲間が現れてね。『ひろしをいじめているの、おまえらか？』って、大きな身体の幸太郎くんがすごんだら、みんなして逃げ出したんだって。次の日から、クラスのみんながひろしくんに対して普通に接してくれるようになったそうよ。武道は、思いやりも備わるし、いじめもなくなるからいいわよね」

「お母さんがきっかけでいじめから脱出できたのね。いい話じゃない」と言うと、母は嬉しそうに頷いていました。

七　子ども心を傷つけちゃった！

男子だけでなく、女子にも事件があります。

ある日、小学六年生の仲よし三人組――真紀子、雅美、真由美がみかどに入ってきました。

「あら、いらっしゃい」と母が言い終わらないうちに、真紀子が「ねぇねぇ、おばさん、聞いてよ〜」と近づいてきました。

「マコちゃん、どうしたの？」

「クラスの女子が私の悪口言うのよ。頭に来ちゃう〜」

「マコちゃんが美人さんだから、ヤキモチ焼いているんじゃないの？」

母の言葉に、雅美と真由美も大きく頷きました。

「おばさん、マコはそこそこの美人だからね。私もそう思うんだよね」

「そっか〜。マコちゃん、無視してな。一緒になってその子の悪口を言ったらよく

ないよ」と母が言うと、

「わかった」と頷いた真紀子は「でも……その子、おばさんがよく知っている子なんだよ」と言いました。

「えっ？　誰？」

「かずえちゃん」

　この三人とも仲よしの子で、店にいた私と父は顔を見合わせました。母も首を傾げていました。

「かずえちゃんがねぇ。マコちゃんとあんなに仲よかったのに？」

「ホント、不思議。おねえさんも気になるわ～。だって、先週も四人でみかどに来ていたじゃない。特に変わったことはなかったわよね……」

　私は記憶を辿りました。

「あのときは——そうだ……アイドル発掘番組の話をしていたよね」

　当時、大人気だったその番組は、特に女の子たちの注目のテレビ番組でした。

「あのとき、私がアンタたちに、番組に出たらって言って——」

そこまで言って私はハッとしました。

（かずえちゃんが仲間に入っていなかったわ……）

真由美も「あっ、わかったわ」と言い、雅美も「私も～」と頷きましたが、真紀子は友だち二人の顔を見ながら、「わからないのは、私だけ？」と戸惑っていると、雅美がきまり悪そうに話し始めました。

「この前、四人で来たときに、真紀子、雅美、真由美は三人とも名前がMから始まるから、『スリーエムシスターズ』って盛り上がったじゃない？」

私も口を挟みました。

「それを聞いていた私がアンタらに、『大島のキャンディーズ』としてデビューできるんじゃない？って言って――」

「おねえさんが言ったから、あのあと、隣の『子どもの広場』で私たち歌の練習までしていたのよね」

真紀子の言葉に、私は驚きました。

軽い気持ちで言ったけど、子どもたちは真剣に受け止めていたようです。

「あら、悪いことをしたわね……」と言うと、父も「ヨーコ、おまえ……余計なことを言ったな」と渋い顔になりました。

「かずえちゃんに寂しい思いさせちゃったわね……」と母も心配そうに呟きました。キャンディーズは三人娘――その場にいた四人のうち、『大島のキャンディーズ』に入れなかったかずえちゃんのことまで、思いが至らなかったのです。

落ち込んでいる私に、『スリーエムシスターズ』の三人が口々に言いました。

「おばさん、おじさん。調子に乗った私たちが悪いんだから、おねえさんを叱らないでね」と雅美が言うと、「理由がわかってとにかくよかったわ……。これから三人で、かずえちゃんのおうちに行ってきます」と言ったので、「チームワークを乱しちゃったね……。ごめんなさい」と私は三人に謝りました。母が男の子たちを仲直りさせたときのように、うまい棒を四つ渡しました。

それから二日後には、四人してみかどに買いに来てくれました。

（よかった、仲直りできたんだ――）とホッとしていると、目が合った真紀子が、私に寄り目をして笑わせてくれました。

みかどで成長したのは子どもたちだけではなく、私もたくさんのことを学んでます。

こんなふうに、みかどは子どもたちの社交場として、女の子たちにとっては、情報交換とお喋りの楽しい場でもあります。

八　生意気ざかりのお嬢さん

駄菓子が並んでいる棚の前で、お菓子を選ぶわけでもなく、ペチャクチャお喋りに興じるのは、決まって小学校高学年の女子たち。五年生ともなると、自我に目覚め、話が極端に偏ることがあります。

その日、かおりたちが話していたのは、あまり楽しい内容ではありませんでした。

「私、君原のこと、嫌い……」と言い出したかおりに、「なんで？」と和子が不思議そうに聞くと、母も「君原くんはちょっとおとなしいけど、優しい子じゃない」と口を出しました。

「気持ち悪いよ、いつもヘラヘラしていて、自分がないっていうか……」

いろんな見方があるものです。それをきっかけに別の女子も「私は、桑原が嫌い」と言い出しました。

「なんで？」

「くさいから。あいつの家、お風呂がないし、服も汚れているからね」

堪《たま》りかねたのか、母がまたもや口を挟みました。

「桑原くんは、お母さんが病気で亡くなったからしょうがないんだよ。それに、お風呂ならみかどのおばさんちもないよ」

「おばさんは、くさくないじゃん。あいつは靴下に穴が開いていて、汚いし、超くさかった」

「イヤよね、汚いのって……」と女子たちはみんな頷いています。

「私、伊藤も嫌い！」と言ったのはかおりでした。

「かおり〜、伊藤は担任じゃん」

「だって、あいつ、うるさくて細かいから嫌い！」

かおりが強い口調で言ってるとき――。

「うるさいのは、かおり、おまえだよ！」

そう言いながら颯爽《さっそう》と入ってきたのは、かおりのお兄ちゃんでした。

「あっ、お兄ちゃん……」と甘える声で言いましたが……。

「かおり、好き勝手なことを言っていたら、みんなに嫌われちゃうぞ」

兄の言葉に、かおりは「好き勝手なことって……」と口を尖らせました。

かおりにしてみれば、みんなといつものようにお喋りをしているつもりでしたが、兄は淡々とかおりを諭す感じでした。

「だって、そうだろう？　いろんな人のこと悪く言ってたじゃないか。みかどのおばさんも、かおりっていう子は、おばさんのいないところでみかどの悪口言ってるのかな？って思っちゃうぞ！」

かおりはハッとしたように母の顔色をうかがいました。

「かおりちゃん。おばさんはそうは思わないけど……そう思う人もいるかもって、お兄ちゃんは言いたいんだよ。かおりちゃんが疑われちゃうのは、つまらないからね」

かおりはメソメソ泣き始めました。

「……私、絶対におばさんの悪口なんか言ってないもん。……お兄ちゃんのバーカ！」

「バカとはなんだよ」と兄妹ゲンカが始まりそうになったので母が止めに入りました。

「かおりちゃんだって、本当は人の悪口なんか言いたくはないよね」

涙を拭きながら、かおりは母の言葉にじっと耳を傾けています。

「上級生になってから、先生もお母さんもかおりちゃんに厳しくなったんじゃない？」と聞くと、かおりは大きく頷きました。

「なぜだか、わかる？」

「ううん……」と首を横に振るかおりを、母が優しく見つめました。

「かおりちゃんが思いやりのある子に育ってほしいと思っているんじゃない？」

「お母さんもおばさんと同じこと言ってた……」

母の言葉が、かおりの心に深くしみたようです。

そして、大きく頷きました。

「わかった。私、もう人の悪口は言わないようにする……」

「かおり、大人じゃん」

お兄ちゃんも嬉しそうにかおりの頭を撫でました。

「俺、お菓子買いに来たんだよ。おまえたち、邪魔だからお喋りするなら外でしなよ」

かおりの兄の言葉を素直に聞いて、みかどをあとにする女の子たちでした。

こんなふうに、みんなの気持ちを汲み取り、慕われていたみかどのおばさんにも欠点があります。

みかどの二軒隣が酒屋さんだったのですが、夕食前に「コロッケにかけるソースが足りないから」と母が買いに行くと、二時間近くも帰ってこないことが時々ありました。

痺《しび》れを切らした父に「ヨーコ、ソースを取ってこいよ」と言われて酒屋さんに取りに行くと、近所のおばさんが五、六人いて、世間話に花が咲き、母だけが抜けられる状況ではありませんでした。というより、母が中心になって、盛り上がっていました。母からソースを受け取って家に戻り、しばらくすると、バツが悪そうに戻ってきた母に、「ソース工場まで行ってきたのか?」と精一杯の嫌味を父は言っておりました。

よきにつけ、悪しきにつけ……何事も手を抜くことができない母のことは、父もよくわかっていたようです。

九　「ありがとう」と「ごめんなさい」

子どもたちと母とのやり取りを聞いているだけで、学ぶことが多い日々の中で、こんな日がありました。

小学校四年生の四郎、登、おさむの三人がみかどにやってきました。

「なぁ、奢《おご》ってくれよ～」と四郎とおさむが言い、言われた登も、

「いいよ、奢る」と話が決まったようです。

「おばさん、百円ね。二人には三十円ずつ奢るから、僕は四十円買うね」

三人はそれぞれお菓子を選び始めました。

「おばさん、僕はこれとこれね」「僕はこれ」と三人とも欲しいものを手に取り、店から出ていこうとしたそのとき、母が「ちょっと待ちなさい」と三人を呼び止めました。

「奢ってもらったら、なんて言うの？」

奢ってもらった二人は顔を見合わせましたが言葉が出ず、「ありがとう、でしょ？」と母が言うと、四郎は、登にすぐ「ありがとう」と言いました。でも、おさむは黙っていました。

お礼を言われた登は嬉しそうな顔で、「僕の母ちゃんが、ありがとうって言うとみんなが幸せになるって言っていた」と言うと、「僕んちの母ちゃん、南無妙法蓮華経って言うと幸せになれるって言っていたよ」と四郎も会話に入ってきました。

登はお経を知らなかったのか、首を傾《かし》げました。

「え？　何それ？」

「南無妙法蓮華経は……南無妙法蓮華経だよ」と返したものの、自信なさげな四郎は母の助けを求めていました。

「ねぇねぇ、おばさん、ありがとうと南無妙法蓮華経、どっちが幸せになれるの？」

「どっちも幸せになれるよ。みんなの心があったかくなるからね」

「ふうん」「そうなんだ」と子どもたちは納得したように見えました。

「そんなふうに教えてくれるなんて、みんなのお母ちゃんは立派だね」と言うと、母の言葉を逆手に取り、「僕んち、貧乏だから立派じゃないよ。おばさん」と『南無妙法蓮華経』の四郎が大きく口を開けて笑いました。

「そりゃ、お金持ちは立派かもしれないけど……四郎くんのお母ちゃんの心がきれいだから立派なんだよ」

「そう言えば……」と四郎が突然目を輝かせました。

「うちの母ちゃんは僕に嘘をつかないよ。約束したことは必ず守ってくれるんだ。朝、コロッケが食べたいって言うと、夕飯に喜久屋のコロッケが出てくるんだ！」

「ほらね、立派でしょ？」

「ふーん、約束を守るのが立派なのかぁ……」

「それだけじゃないけど……大事なことなんだよ。これからアンタたちが大人になったら、もっといろんなことがわかるわよ」

そうやって母と少年二人が盛り上がっていると、それまで黙っていたおさむが話題に入ってきました。

「ごめんなさいって言うと、平和になるんだよ。……知っていた？　おばさん」

「どうして、ごめんなさいと言うと平和になるの？」とおさむに母が尋ねます。

「だって、日本が平和になったのは、天皇陛下さまが国民に謝ったからだって、おばあちゃんから聞いたよ」

一瞬、シーンとなりましたが、すぐに登が言いました。

「うちの父ちゃんはさ～、酔っぱらって帰ってくると母ちゃんにすぐ『ごめんなさい』って謝るから、うちもすぐに平和になるよ」

二人の子どもは「平和、平和」と言いながら、その場で小さくジャンプをしていました。

「そうだね、本当にアンタのおばあちゃんの言う通りだよ。『ありがとう』と『ごめんなさい』はいい言葉だね。お母ちゃんもおばあちゃんも立派だ。大切にしなくちゃね」と言いながら、愛くるしい三人の頭を母は優しく撫でていました。

そして、子どもたちは「おばさん、ありがとう！」と元気よく店を出ていきました。

当時は多くの家庭で、天皇陛下・皇后さまと、皇太子・皇太子妃の写真を額に入れて壁に飾っていました。おさむの家のように、家庭の中で皇室が話題になっていたのでしょう。

こんなふうに、子どもたちから難しい質問をされることもたびたびありました。

十　自由と平等ってなぁーに？

ある日、女の子たちが五人、連れ立ってみかどに駄菓子を買いに来ました。生意気だけど、オシャレにも目覚めて、悩みも抱えている小学六年生です。

入ってくるなり、一人の女の子が「おばさん、おばさん。自由で平等な世界ってホントにあると思う？」と聞いてきたので、母も私も一瞬呆気に取られました。

「急に、どうしたの？」

「今日、学校で習ったんだけど、自由と平等って何？って感じだったよね……」

「それなら、先生に質問すればよかったのに」と母は苦笑しています。

「誰も聞かなかったから、私も聞けなかったわ……。この地球は不平等の世界だと思うのよね。勉強ができる子もいれば、できない子もいる。美人がいれば、ブスもいる。お金持ちがいれば、貧乏人もいる……。なのに、何が平等なんだろうね？」

他の子たちも同じ思いなのか、いつになく納得の行かない表情でした。

「そうねぇ。気の短い人がいるかと思えば、気の長い人もいるしね」と母が言うと、

「おばさんはどう思う？」と意見を求めてきました。

「そうだね……」

母は少し思案するような表情になりました。

（さすがに、みかどのおばさんもギブアップ？）かと思った瞬間――。

母は「みんなはウサギと亀の話、知っている？」と切り出しました。

（どうしていま、ウサギと亀？）と私は噴き出しそうになりました。

「おばさん、そんなの知っているに決まっているでしょ！」

「そうよ、それぐらいなら知っているわよ！」

バカにされたのかと思ったのか、子どもたちは口々に甲高い声を上げていました。

でも、母は冷静に「どうして、亀が勝ったんだと思う？」と問いかけました。

「ウサギは途中で休んだからよ。亀は真面目だったから勝ったんでしょ」

お話ではそうなっていますが、母の解釈はちょっと違っていました。

「実は、長い脚のウサギが亀に負けたのはね……」

興味を引かれたのか、子どもたちが母のほうに身を乗り出して来ました。

「ウサギが――おまえは脚が短くて不細工だなって、亀を見下していたのよ」

（それで、それで……）と私も興味を引かれました。

「おばさん、それで、それで？」と、子どもたちも興味津々。

「ウサギにバカにされても、亀さんはふて腐れもせずに、ゴールに向かって歩いたから、勝てたんだよね」

「ふ～ん、ということは、ウサギはゴールを見ないで周囲を見ていたけど、亀はゴールしか見ていなかったってことか……」

子どもたちは母の言葉を何度も噛みしめている様子でした。

「おばさん……それがどうして自由と平等に関係しているの？」

やがて、一人が言いました。

「他と比べなければ、亀みたいに勝てるってことなんだよね、おばさん？」

「何を言われても、自分を信じて前に進んで行けば、勝てるんだよね」と母が言うと、「……と言うことは、心の強い人が勝てるってこと？」「わかったような、わからないような気持ちだわ……」と言っている子どもがいました。

「みんなの心は自由自在ってことなのよね？　でも……わからん」

「おばさんの話を聞いたらわかったような気がするけど、もう少し続きが聞きたい」

と子どもたちは口々に言いました。

「他の人と比べて、あの子には勝てないに決まっている、って決めつけたりして諦めるのは、いけないと思うんだよね」と言うと、子どもたちは母の言葉が思い当たるのか、お互いの顔を見合わせて「それって、私たちじゃん」と言って笑い出しました。

「人と比べるんじゃなくて、亀みたいに目的に向かって頑張ればいいのよ～。そして、頑張ったな、偉いぞ、って自分を褒めてあげたらいいのよ」

子どもたちだけでなく、私もハッとしました。

「自分を褒めるといいことあるの？　おばさん」

「気持ちが明るくなるし、自信がつくでしょ」

子どもたちはなおも母に問いかけます。

「自信がつくと、変われるの？」

「心に余裕ができるし、優しい人にもなれるでしょ。大きな人間にもなれるのよ」

「……そうか、みんな心は平等なんだね。他に平等はなんかある？」

「……時間と空気、それに水、……あとなんかある？」

「探せば、いろいろとあるよね」と母が言うと、みんなが納得したような顔をして一件落着かのように思えたのですが、彼女たちはこんなことも言い出しました。

「先生より、おばさんのほうがわかりやすいね」「そう、そう」とみんなが口々に言うと、「明日、みかどのおばさんの話を先生にしようか」と、はしゃぐ子どもたちの前で、赤い顔した母は「やめてよ～」と慌てていました。

「おばさん、なんだか可愛い！」と子どもたちにからかわれ、さらに赤くなる母に思わず私も笑ってしまいました。


　ヨーコ、助けてよという視線を感じたので、「アンタたち、お菓子買いに来たんじゃないの？」と私が声をかけると、「そう、そう。お菓子、お菓子……」と言って、それぞれがお菓子を買い、スッキリした顔で、みかどをあとにしました。

十一　東京大空襲のド真ん中で

みかどの常連さんで、目が大きいのが特徴の伊藤さんという下町生まれのおばさんがいました。伊藤さんが袋菓子や菓子パンを買いに来ると、私は家の中にいると、店にすぐ行きます。どんなに辛い話でも語り部のようにお話をしてくれるから、映画を観ているようでした。戦争中の話が多く、ある日は、こんな話をしてくれました。

「私はさ〜、東京に空襲があったすぐあとに、死体処理の仕事をしたんだよ〜。まるで真っ黒なマネキンみたいで、町中にすごい臭いが広がるから、すぐ火葬して埋めちまうんだよ。猿江公園のお山だって、人をたくさん埋めてできたお山なんだよ。あの頃はまだ若いからできたけど、本当にひどい仕事だったよ」と言う伊藤さんに私は恐る恐る質問しました。

「おばさん、仕事のすぐあとに、ごはん……食べられた？」

「臭いはきつかったけど、二、三日すると慣れるんだよね」と淡々と話してくれました。

「疲れきって、死体の傍でうたた寝している人もいたよ。さすがにそこでごはんは食べなかったけどね。とにかく、生きていかなきゃならないからさ～」

　大きな目を見開いて話す伊藤さんから、「生きる」ということをたくさん学んだ気がします。

　伊藤さんは、空襲の最中におばあさんとお父ちゃんがはぐれた話もしてくれました。

「空襲の翌日から夜になると、父ちゃんやおばあちゃんを探しに歩いていたわ。でも見つからなくて……泣いてばかりいたら、おかあちゃんが私の前で仁王立ちになってこう言ったんだよ。『泣くんじゃないよ。私たちは生きているだけで、めっけもんなんだからね。それと……父ちゃんが悲しむから、アメリカ人を恨んだりしたらダメだよ……。とにかく恨んだら自分に負けちゃうだろう……』って」

「でも恨みたくなるよね……おばあさん」と私が言うと、伊藤さんはゆっくり首を横に振りました。

「『一度誰かを恨んだら、いつも誰かを恨んでしまう人生になっちまうんだよ。人を恨むような不幸な子を育てた覚えはないんだよ。そんな恨む時間があるなら、働いておくれ』って、泣いている私に向かっておかあちゃんが言うんだよ。そのとき、私はハッと目が覚めたね……」

伊藤さんは「私の名前、幸子っていうんだよね……。『幸せになれ』って父ちゃんがつけてくれたんだよ。だから父ちゃんを泣かせたりしたらダメだよ。だからかあちゃんと二人して幸せになろうね』ってね。言われてから、おばさんは泣かなくなったんだ……」と言いました。

そのとき、「……おばさんのお父さん、なんで死んだの……？」と後ろから少年の声がして、私たちは慌てて周りを見回しました。

お喋りに夢中になって、気づかずにいたら、店の隅っこにおとなしい六年生の男の子が立っていました。

「おっ、そんなところに、お坊ちゃんがいたんだね～」とおどけて言う伊藤さんは、男の子に向かって丁寧に説明をしました。

「おばさんのお父さんはね、戦地で病気になって家に帰ってきたばかりでね。空襲があった三月十日は、働き者だったおばあちゃんをおんぶして、一緒に逃げてくれたんだけどね～。私たちと、はぐれちゃったんだよ……」

明るい口調でしたが、そのときの悲しみは想像を絶するものでした。

私はティッシュペーパーで鼻をかみ、母は割烹着の裾で涙を拭いていました。男の子の瞳も、涙で光っていました。

また、ある日は、戦後の厳しい時代の乗り越え方を話してくれたこともありました。

「すべてを奪われた戦争当時は、ボーッとしていたら闇の中に私らは消えちまうような気がしてさ。そんな気持ちを打ち消すためにも、みんなで冗談を言い合うんだよ。脳みそが危機感を感じるんだろうね。世の中に見放された我々の、せめてもの抵抗だと思うんだよね……」

「脳みそが危機感？」と聞き返すと、伊藤さんはニッコリ笑って頭を人差し指でさしました。

「そう、人間の脳みそはすごいんだよ。辛くて大変なのに、おばさんたちは冗談ばかり言って過ごしていたよ。あの大変な時期に、人生の中で一番笑っていたかもしれない」

「そうか……笑いって過酷なときに役立つんだね～」

私がそう言うと、伊藤さんは大きく頷きました。

「厳しい境遇に負けてたまるかって思うと、いくらお腹が空いていても、なぜか笑えるんだよ。辛いのに笑えると、なんだか厳しい世の中に勝てたように思えるんだよ。あの頃は生きるためにみんな必死だったんだよね」

「おばさんの話を聞いていると勉強になるわ～」

「さ～て、おばさんは家に帰らないと、うちの息子たちに、蹴とばされちゃうよ。グッバイ、グッバイ、また明日～！」と、毎回、両手を広げておどけて見せてくれて、伊藤さんはカリントとせんべいの袋菓子を買って帰っていきました。

伊藤さんの話で涙ぐんだ子どもも静かに帰りましたが、戦争の惨さを知ることで、平和の大切さを思い知ります。

ご近所には、伊藤さんのように戦争の話をしてくれる人はおりますが、彼女ほど、胸に迫まって来る人はいませんでした。大島の名物おばさんです。

三章

大島の情景

一　あったかい晩ごはん

子どもたちとの思い出がたくさんつまったみかどでしたが、閉める前に、ここ大島のなつかしい情景を少し書いておこうと思います。

昭和三十年代（一九五七年頃）は、夕方になるとそれぞれの玄関先でおばさんたちが夕飯の仕度をする姿が見られました。

練炭に火を熾《おこ》し、米を炊き、煮物や焼き物をする家が多く、お喋りをしながら楽しそうに料理を作っているおばさんたちの間を歩くと、どこのおばさんも鍋の蓋を開けて、「美味しそうでしょう。ヨーコちゃん、味見していきなさいよ」と、竹串に刺した里芋や大根を手渡してくれました。

「熱いから、気をつけて食べるんだよ」と言われるのですが、冷まさないまま「熱ッ、熱ッ」と言いながら食べるのが好きでした。

そんなふうにしてあちこちで味見をさせてもらうのでお腹がいっぱいになり、家に帰ると食べられないのも当然です。満腹の理由を知っている母には、「ヨーコは図々しいんだから、まったく……」と毎回小言を言われていました。当時、どこの家も練炭が一つしかないので、お釜でお米を炊き、料理は一品しか作りませんが、ちゃぶ台には四、五品乗っているのが当たり前でした。

鍋いっぱいにナスを煮たり、かぼちゃを一個丸ごと煮たりして周辺に配るのが習慣だったからです。母親が作った料理を配るのは、子どもたちの立派な「お仕事」でした。分かち合いの精神と合理性も兼ねておりました。

「配るお仕事」は、社交的で感情豊かな子どもに育てたいと願う母親の気持ちの表れだったのかもしれません。

帰り際にお皿を返してもらうのですが、そのときはお駄賃としてお菓子や飴がもらえるので、当時の子どもたちは喜んでご近所さんに料理を配っていました。

味もさることながら、たくさんの料理が並ぶちゃぶ台はとても華やかでした。この分かち合い精神のお陰で、どこの家庭も温かな気持ちで食卓を囲んでいたに違いありません。

しかし、母はいつも「一時間もかけて作るのに、十分で食べちゃうんだから料理作るのってつまらないわよね～」と愚痴をこぼします。でも、ご近所さんとの井戸端会議はどんなに長くなっても一向に気にならないのが母でした。

時々、みかどが忙しくて夕飯を作る時間がなくなると、ノーとは言わない父に「今夜は〝てんやもん〟でいい？」と母は必ず了解を取ってから、出前を注文します。よく利用するのは、『中華ゆたか』、『大島そば屋』、それに『あずま寿司』です。母はまた、テレビのＣＭでインスタント食品の発売を知ると、乾物屋まで一目散で買いに走っていました。新しもの好きでした。

母は家事よりも、集中力がいる裁縫や編み物が天才肌といえるほど上手でした。クリスマスから年末までの一週間で、着物のアンサンブルを私たちや姪たちを含めて六着まとめて縫い、お正月に間に合わせていました。

しかも、店番と家事をこなし寝る時間も惜しんで作る母には頭が下がります。

その頃は、経済の発展とともに、大気や川の汚染が激しい時代でもありました。近所に小さな鉄工場がたくさんあり、朝からプレスする音が鳴り響いていました。あちこちにある化学工場の煙突からは黄色や紫色の煙がモクモクと吐き出され、空はいつもスモーキーで異臭を放っていました。

化学工場から排出される特殊な油もドブ川に垂れ流しで、みかどの前の通りを挟んで流れる一メートル幅のドブ川からツ～ンと来る特有な臭いがしていました。そんな中でも、子どもたちはローセキや縄跳びなどを使って外で遊んでいましたが、その臭いと喉の痛みに我慢ができなくなると、誰かの家に避難をして、塗り絵などして楽しんでいました。お邪魔するおうちのお母さんは必ず、

「ヨーコちゃん、夕飯食べて行きなさいよ。買い物ついでにみかどに立ち寄って、伝えておくわ。おばさん、一生懸命、腕を振るうわよ～」と言ってくれます。

遊びに行って、そのまま夕飯をいただいて帰る日が週に一回はありました。

どこの家も丸いちゃぶ台でごはんを食べるので人数が増えても気になりません。

友だちのお母さんも目を輝かせて私たちとの会話を楽しみ、大きな声で笑いながら

食事をしました。帰り際には、「ヨーコちゃんは活発な子だから何があっても負けないと思うけど、うちの子はおとなしいから、これからもよろしくね」と声をかけられて送り出されます。

私はみかどのおばさんの娘ということでしっかり者のように思われていたのかもしれません。（本当はへなちょこなんだけどなぁ……）と思いながらも、そんな言葉が嬉しいから、スキップして帰ったものです。

当時はどこの親も、自分の子どもを社交的に育てようと努力していました。貧しくても助け合いながら子どもを育てる——そんな温かな町でした。

二　台風一過

人情味に溢れる大島ですが、当時はインフラが整っておらず、いろいろと大人の人たちは苦労をしていました。

伊勢湾台風（一九五九年）のときは床上浸水になり、引っ越しのときのように家財道具を動かすので、大人は大変な労働だったと思います。大島は『ゼロメートル地帯』で川の水位よりも低く、強い雨が三十分も降ると町中が水浸しになります。道路は川となって、舟で行き来すると便利だといって、小舟を外壁に吊るしている家もありました。

まだ便所もくみ取り式で、川になった道にはいろんな物が浮かんでいました。小舟に乗って探検隊のように楽しんでいる子どもたちを、私と妹は二階のベランダから眺めて、羨ましく思っていました。

両親は水が浸かるたびに畳を上げていたので、作業は手慣れたものでした。

我が家は二階建てだったので、夜中に台風が通過する時は、近所の皆さんが避難しに来て夜中も起きていました。家が突風で揺れるたび、ワイワイと話し合うのが楽しかった記憶があります。

そのうち、外が賑やかになり、「水が浸《つ》いたぞ」というかけ声を合図に、家族が力を合わせて一階にある家具の上に畳を上げるのです。

朝になると、太陽が燦々《さんさん》と輝く中で、町中の大掃除が始まります。

こうしたとき、何よりもありがたいのが町内の助け合い精神です。

老夫婦の家には近所の旦那衆が集まり一時間ほどで掃除して、ゴミまで出してくれます。

掃除に明け暮れているお父さんたちのために、お母さんたちはおにぎりと漬け物を切って振る舞うのが習慣で、母もその一人でした。いまよりも若い人が多く住んでいたこともあり、町内はすぐにきれいになりました。

その数日後には、近所の人たちと慰労会をやります。お父さんたちは楽しく酒を飲んでいるのですが、みかどの裏に住んでいる海軍所属だった片岡のおじさんは静かに飲んでいるのが印象的でした。若くて活発な青年が「片岡さん、軍歌歌ってくださいよ」とお願いすると「酒飲みながら歌ったら戦友に申し訳ないから歌えないんだ……」と言いました。青年は「すいません」と謝っていました。そんなおじさんはいつも「戦争ほど愚かなものはない」が口癖でした。

うちの父は下戸で口下手なので、お酒がらみの宴会は苦手だったようですが、それでもなんとか楽しい雰囲気に溶け込もうと、いつも努力をしていました。

三　力道山とご近所さん

当時は、まだテレビが普及していない時代でしたが、父は毎日のように亀戸駅にある街頭テレビを観に行っていました。

帰ってくると、興奮している父は私たちにテレビの話をしてくれるので、「お父さん、私も連れて行ってよ」とお願いするけれど「あんなに混んでいる場所は喘息のおまえには無理だよ」といつも断られました。

「お父さんだけ観に行けていいよね～」と母と妹の久美子と三人で文句を言う毎日でした。そんなある日の午後、テレビが我が家にやってきました。父が月賦で買ってくれたのです。当時のテレビのお値段は、サラリーマンの年収二年分という大変高価なものでした。

駄菓子屋という収入も不安定な中、勇気のある人だなぁ、といまでも思います。身体が弱く、幼稚園を休んで家にいることが多い私を不憫に思っての行動だったのでしょうか？　普通なら、そんな高価な買い物をする夫に不安を抱くと思いますが、母も私たち同様に喜んでおりました。

金曜日の夜になると、近所から「こんばんは」と言いながら来る力道山ファンが我が家に二十人くらい集まり、テレビで試合を観るのです。

子どもの私は、皆さんにお茶を振る舞うのが恒例でした。中には、夫と一人息子を戦争で亡くし、前歯が一本しかない、痩せ細ったおばさんがいました。そのおばさんは力道山がことのほか好きで、試合が終わるたびに、「今日も力道山が見られたから、私はいつ死んでもいいわ～」と言って喜んでおりました。

それまでの私は、喘息の発作を起こすたびに（息が吸えないなら死んでもいいや……）と心の奥底で諦めの気持ちになっていましたが、無口な力道山が私の耳元で囁いてくれたような錯覚に陥《おちい》りました。

「俺はリングで頑張るから……ヨーコ、おまえも病気なんかに負けるんじゃないよ」と力道山のエールが聞こえた気になり、力道山も頑張っているんだから、喘息なんかに負けてたまるか！という強い気持ちが湧き上がるようになりました。私は力道山から、喘息と闘う勇気をもらいました。

中継が終わると、子どもたちは決まってプロレスごっこを始めるのですが、必ず泣き出す子どもがいました。

そんな賑やかな中で、お父さんたちは、力道山を神のように崇《あが》め、夜遅くまで語り合っていました。

「力道山が血だらけになって頑張っているのに、辛いから工場を辞めたい、なんて情けないことを言ったらダメだな。また明日から頑張ろう」と、毎週来ては、同じ反省をしている青年もいました。

力道山の闘いぶりは、特に日本の労働者に大きな影響を与えました。

『ALWAYS　三丁目の夕日』さながらですね！

四　感謝でいっぱいな年末年始

みかどの年末年始は、毎年とても忙しく過ごしていました。

昭和三十年代後半からはみかどで菓子パンも売っていたので、母は毎朝六時から店を開けていました。クリスマス時期になると、パン工場からケーキを取り扱いました。昔はバタークリームで、十二月になると、近所の人たちは予約を入れてくれたものです。

その頃の子どもたちにとって、ケーキは年に一回、十二月二十四日に食べるものでした。クリスチャンでもないのに、骨つき鶏のもも肉を食べて、電気を消した部屋にローソクを灯していた思い出があります。

高校を卒業するまで、隣のおねえさんは、妹と私に毎年、日本橋の百貨店の包み紙に赤いリボンのクリスマスプレゼントを持ってきてくれました。

中身はマフラーや手袋で、とにかく嬉しかった記憶があります。

さて、北風吹く中、年末になると家族四人で大掃除をするのも恒例でした。壁や棚を雑巾で拭き、最後には床にホースから水を流し、店の奥の床にたまったホコリを掻き出します。

掃除が終わって駄菓子を並べだすと、子どもたちが「わっ、きれい！」と感動してくれるので、私は達成感がありました。

みかどがいまでもあったら、ＳＮＳに投稿していたと思います。

そして、年末の夜に必ず「こんばんは～」とやってくるのは長井さんです。

おじさんは「あのときは本当にありがとうございました」と言いながら、デパートの大きな紙袋を母に差し出します。中には『お歳暮』と書かれた化粧箱が入っています。

「あの日、奥さんがうちの次男坊を助けてくれなかったら……と思うと、いまでもゾーッとしますよ」

あの日、というのは昭和三十五年頃。冬のある日の午後、目の前にあるくさくて汚いヘドロのドブ川の橋げたから、男の子三人が指をさしながら覗《のぞ》いていました。

母は、（あの子たち、何しているんだろう……）と思い外に出て、「アンタたち、そんなところで何しているの？　危ないわよ」と声をかけ、ドブ川を覗きました。ヘドロがモソモソ動き、「え？　何？」と身を乗り出して見たら小さな指先が見えました！

母は慌ててその小さな指をつかんで引き上げると、覗いていた三人に向かって、「近所の家に行って、お湯くださいって言ってきて！」と叫びました。

母にお湯を頼まれた子どもたちは駆け出し、その頃はどこの家も、練炭火鉢の上にやかんがあったので、すぐに用意ができました。五分もしないうちにバケツに入ったお湯があちこちから届き、人だかりができ、バスタオルを持って来た奥さんもいました。少年が長井さんちの子だとわかると、すぐに家まで知らせに行ってくれる奥さんもいて、家事をしていた少年のお母さんは飛んできて、恐縮しながら頭を下げて少年を連れて帰りました。地域のおばさんたちのリレーションシップは見事なものでした。

少年は風邪もひかず翌日も元気に学校に行きました。

「本当にあのときはありがとうございました。これ、大したものではありませんが、お召し上がりください」

そう言いながら、バームクーヘンを母に渡し、「今年も無事、みかどさんに来ることができて本当に嬉しいです」と微笑むのです。

毎年おじさんと思い出話で盛り上がるのも、年末の恒例行事でした。

あれから五十数年が過ぎ、長井のおじさんはもう亡くなりましたが、最後の頃は大島から引っ越して施設に住んでいたにもかかわらず、我が家にお歳暮を届けて、

「みかどさんは長井家の恩人です」と母を褒め称えるのです。

そのたびに「こそばったい」と言いながらも、嬉しそうな母でした。

感謝されている母は幸せですが、いくつになっても感謝のできる長井のおじさんも幸せな人だなぁと思いました。その少年は大島には住んでおりませんが、いまでも元気に暮らしているそうです。

さて、大晦日はおせち料理を作り終えると、音楽大賞の番組を観ながら、家族が

審査員になった気分で、入賞者などをみんなで予想していました。『シクラメンのかほり』や『勝手にしやがれ』が大賞をもらったときは、自分が声援を送っていたスターだからすごく嬉しかったことを思い出します。

元旦は忙しく、食事をする前に、家族で駄菓子の棚卸を二時間くらいかけてやります。そのあとに、家族で新年の挨拶をして私たちはお年玉をいただき、雑煮やおせちを食べ、やれやれと落ち着きかけたと思っていると……。

お年玉を袋ごと握った子どもたちが、外から大きな声で「おばさ～ん、お店開けてくれよ～」と急《せ》かせます。「さー、今年も開けるか」という父のかけ声でシャッターを上げると、七、八人の子どもが目を輝かせて立っています。ほとんどが男の子で、凧《たこ》を買い求めに来ていました。母は糸の中心を取り、父が細く切った新聞を二本、凧の尻にのりでつけて完成。元日だけで三十個ぐらいは売れました。客が一段落すると、父も隣の『子どもの広場』で子どもたちに交じって凧を毎年揚げていました。

父は「おじさん、みかどの凧はよく飛ぶね～」と子どもたちに褒められるたび、「おまえの糸のつけ方がうまいからだよ。お母さんはさすがだね」と母を褒めるので、凧の糸つけには自信を持っていました。

　二日目は朝から、母と妹の三人で『春の湯』に行くのが楽しみの一つでした。浴場で母は新年の挨拶に始まり、世間話に花を咲かせるので、私と妹は先に家に戻り、父と三人で朝食を食べるのが、お正月の慣例でした。

　しばらくすると、湯あたりしてヨレヨレの母が帰宅します。真っ赤なほっぺの母が、「長風呂しちゃったから、身体がふやけちゃったわ〜」と言って、親指と人差し指でほっぺたをつまんで、おどけて見せるのもお約束です。

　こうして、賑やかな母のお喋りから、みかどの一年が始まります。

五　お風呂屋さんとびっくり事件

私の家にはお風呂がなかったので、夕食が終わると、母と妹の三人で近所のお風呂屋さんに行っていました。

近所に風呂屋は二軒あり、私たちがよく行っていたのは、サンロード中の橋（旧中の橋商店街）にある『竹の湯』と、第三小学校前にある『春の湯』です。

私と妹は自分の身体を洗えばすぐに上がれるのですが、母はそうはいきません。浴場に知り合いが次々と入って来るので、挨拶がてらに背中を流すのが恒例でした。

小学校の高学年になると私も、母の代わりにおばさんたちの背中を洗っていました。世間話をしながら「ありがとう」と感謝されます。また、「ヨーコちゃん、素敵なおねえさんになったわね」とか、おばさんたちのお世辞が心地よかったのです。学校でつまらないことがあっても、風呂屋でおばさんたちに褒めてもらうと、翌朝は機嫌よく学校に行くことができました。

広い湯船はリフレッシュできるし健康にもいいのですが、昔の浴場はそれだけではなく、冗談を言い合うおばさんやおばあさんが多く、甲高い笑い声と桶のカーンという音の絶えないステキな社交場でした。そんな笑いの絶えない風呂屋が大好きでした。

湯上がりには、大きめな扇風機の前に母娘三人して風に当たりながら、ビンに入ったコーヒー牛乳を必ず飲みます。ちびまる子ちゃんそのものでした。

その後、シャレっ気が出てきた年頃の私は大きなドライヤーにも夢中になり、キューティクルを整えて学校に行くのが楽しみでした。

風呂屋の帰り道、珍しい事件に遭遇したことがあります。

帰り道、近所のステテコ姿のおじさんが夜空に指をさしながら、子どもたちに何やら説明をしていました。周りの子どもたちは興奮気味に望遠鏡を覗いていました。

好奇心の強い私は、「ちょっと、行ってくる」と母に言って、おじさんのところに一目散に走って行きました。

「おじさん、何か見えるの？」と質問すると、おじさんは「円盤だよ！」と答えました。私が「えっ！」と驚くと、おじさんは「ヨーコちゃん、見てごらん」と望遠鏡を覗かせてくれました。

おじさんが指さす方向を見ると——。

夜空にチカチカと光を放ちながら、同じ場所をぐるぐる回っている円盤が見えました。当時の私は、円盤という名前は知っていましたが、本当にあるとは信じていませんでした。（円盤って普通にあるんだ〜）と冷静に望遠鏡を覗いていました。

「おじさん。円盤、いつ見つけたの？」

「さっきだよ」

「すごいね、おじさん‼」

おじさんが落ち着いた雰囲気で言うから、円盤はいつでも見られるのか……と思ってしまいましたが、あとにも先にもこれが最初で最後でした。

私は好奇心が強かったので、本当に素敵な体験をしたと思っております。

家に帰って、夜空にチカチカ光る円盤の話をドラマティックに家族に伝えましたが、誰も驚くことなく、母の「それはすごかったね〜」という一言で終わってしまいました。

あれから六十年以上が過ぎたいまでも、湯船に浸かると、あのチカチカ光る物体のことを思い出すことがあります。

六　大島のお豆腐屋さん

みかどを閉めることに決めてから、三ヶ月が過ぎました。

曇り空で寒く、子どもたちもあまり外に出てきません。天気予報では「夕方から雨が降るでしょう」と言っていました。

雨が降りそうなのでこたつから出て、買い物に行くことにしました。

「今日は寒いから、湯豆腐にしようか」

「そうだね、今日は寒いからね……。タラと豆腐、買ってきてよ」

という母の言葉に頷き、私はすぐにサンロード中の橋へ向かいました。

地元のすし屋が魚を買いに来る魚屋でタラを二切れと生たらこを買ったら、アジの開きをオマケで二尾いただきました。ルンルンな気分になり、その足で、お豆腐屋さんに行きました。

岩崎さんちは創業七十年ぐらいでしょうか。

大人になって京都の南禅寺の豆腐割烹に寄ったことがありますが、岩崎さんちのお豆腐は京都に負けないぐらい美味しいんだなぁと感動したことがありました。

この話をおばさんにしたら顔をほころばせて、

「おねえさんに褒めてもらえて、おばさんすごく嬉しい。豆腐を作っているお父さんもすごく喜ぶわ～」と喜んでいました。

蒸し暑い夏になると、大豆の甘い香りがする奴《やっこ》も絶品で、夕方になると売り切れるほど人気のある豆腐屋さんでした。

今日はお店を覗くと、三代目の浩人くんがいました。

「あっ、みかどのおねえさんだ」と言って笑顔で迎えてくれました。

「浩人くん、久しぶりだね。元気だった？」

その昔、三兄弟がみかどのお客さんという岩崎家。いまや立派な職人になった彼らが幼い頃、駄菓子を選んでいた姿を思い出し、ノスタルジックな気持ちになります。

「最近、みかどはどうなの？」と言う浩人くんの言葉に、「……実はね、五月でみかど閉めるんだよね」と伝えると、三代目は「え、本当に？　それはショックだな……。みかどがなくなるの？　なんだか、イヤだなぁ」と悲しんでいました。ちょうどお客さんがいない時間帯だったので、思い出話が始まりました。

「俺なんてさ～、金庫箱の金をちょろまかして、みかどであんこ玉や、ブタメンを買ったんだよね」

「あら、悪い子だー」

「でさ、ブタメンの蓋を開けて、おばさんにお湯を入れてもらうでしょ。おばさんが毎回、『熱いから気をつけて食べなさいよ～』って言うんだよね。親に言われたらイチイチうるさいなって思うんだけど、不思議とおばさんをウザイとは思わなかったんだよね」

「フーフー言いながら食べたあとは、野球チームの仲間と隣の『子どもの広場』で暗くなるまで遊んだなぁ」となつかしそうに宙を見ていた浩人くんは、「あっ、思い出した」と声を上げました。

「お金がないときはさ、苦肉の策で子どもの広場に捨ててあるコーラやサイダーの瓶を拾って、みかどでお金に換えて、野球スナックやお麩を買っていたなあ。おばさんもおじさんも、拾ったものだって知っていたんだろうな〜」

「おそらくね」と笑いながら言うと……。

浩人くんは「あっちゃ〜」と頭を掻く仕草が可愛くて、私は思わず噴き出してしまいました。

「ところであの頃のアイドルって誰だった？」

「キャンディーズとかでさ、ブロマイドもいっぱい集めていたなぁ。それから西城秀樹の『ＹＯＵＮＧ ＭＡＮ』がすごく流行っていたなぁ」

「ああ、流行っていた！　なんだかなつかしい〜。なつかしい話するといろいろと思い出すねぇ……」

「ヨーヨーもみかどで売っていたよね」

「すごい、売れていたよ」

「ブームの頃は、みんな学校にまで持って行ってさ。中にはすごく腕のいい奴もいたよね、学校で大スターになっていたよ。あの頃は勉強より遊びに一生懸命だったんだよね」

浩人くんがしみじみとした口調でこう言いました。

「アイドルといえばさ、みかどのおばさんが俺たちのアイドルだったよね。

いつもニコニコして。正月に凧を買うと中心を作ってくれてさ～。

みかどの凧はよく揚がったよ……。でも俺、他の店で買ったことないから、わかんないけどね。ワハハ」

「ところであの頃って、いまみたいな、学校でいじめはあったの？」と聞くと、浩人くんは即座に首を横に振りました。

「いや、記憶にないな。だって、年上や年下の奴らとチーム（野球）組んでいたから……。もし年下の仲間がいじめられていたら、そいつのクラスにみんなで乗り込むだけだから自然といじめなんかはなかったと思うよ。うちのチームは強くはなかったけど、みんなといると、マジ楽しかったなぁ」と浩人くんが言うと、杖をついたおばあちゃんがお豆腐を買いに来ました。

「じゃあ、またね」

「うん、ありがとう。おばさんとおじさんによろしくって伝えといて」

「ハイ、ありがとう」と言って家路を急ぎました。

外は北風が吹き、さらに寒くなっているのに、昔話をしたせいか、心がほっこりと温かくなっていました。

七「いってらっしゃい」と声をかけられて……

閉店が近づくと、やたらご近所さんと思い出話をするようになりました。

私より三つ上の紀美ちゃんと田中さんがみかどの前を通りがかったときもそうでした。みかどを閉める話をしたら、ひどく驚いていました。そして、「なんだか大島の灯《ひ》が消える感じで寂しくなるね……」とガッカリしていました。

「大島の灯なんて言われると涙が出ちゃうわ。これからは、両親が動けるうちに温泉とか連れて行ってあげたいんだよね」と言う私に、二人は頷いていました。

「そうだよね。ヨーコちゃんだって、親孝行がしたいよね」

「うん。四十過ぎてから会社を立ち上げたりして心配をかけたしね。両親がいなかったら、会社なんてとっくに潰れていたわ」と言うと、二人は笑っていました。それからは三人の思い出話に花が咲きました。

田中さんは、ご主人と三十年前に大島に引っ越してきたばかりの頃を思い出して、言いました。

「誰も知り合いがいなかったけど、みかどのおばさんだけは、毎朝見知らぬ私に、『いってらっしゃい』と笑顔で声をかけてくれたし、仕事から戻ってくると『お帰りなさい』と言ってくれたわ。ただそれだけなのに、とても癒やされたわ〜」

「昔から下町には、知らない人にも挨拶する習慣があるからね」と私が言うと、

「見ず知らずの新参者の私たちを受け入れてもらえた気がして嬉しかったわ。ここに引っ越してきて本当によかったねと、当時夫と話していたわ。なつかしいわぁ。みかどのおばさんは、町内のドンって感じよね」と田中さんが言いました。

「でも、この町には迫力のあるおばさんは他にもたくさんいたよね」と言う紀美ちゃんに「いたいた！」と私も同調し、話が盛り上がりました。

「仕事から疲れて帰って来て、風呂屋でおばさんたちとバカっ話をしたら、疲れが飛んで行っちゃったわ。あと、家族や近所の愚痴をみかどのおばさんに言っても口が堅いから安心していたわ」

　紀美ちゃんは年老いた父親と同居をしていましたが、父親の耳が遠く、いつも大

きな声で話をしなければなりません。

「いつも怒ってばかりいると近所の人に告げ口されてへこんでいると、おばさんは愚痴をいつも親身に聞いてくれたわ。そして必ず励ましてくれるの。『紀美ちゃんは地元で生まれているし、他のみんなが紀美ちゃんはいい人だと思っているから大丈夫よ』って言ってくれてね。おばさんの励ましに私は救われたわ〜」

　三人の子どもを立派に育てた紀美ちゃんの家族は、みかどの常連さんでした。

「子どもたちにとって、学校とはまた違う勉強の場だった気がするわ」と紀美ちゃんはしみじみ語っていました。

「違うって？　どんなふうに？」と私が聞くと、紀美ちゃんは微笑みました。

「おばさんは子どもたちに、自然な形で日常の大切な話をしてくれていたでしょう。子どもたちもおばさんの話は素直に聞くのよね。私は（もっと言ってよ、おばさん！）って、心の中でいつも思っていたわ」

　母の口癖は、「気立てのいい女の子に育てば、大人になっても可愛がられるし、気風のいい男の子に育てば、人気者になるし、いいことずくめなのよ」でした。三つ子の魂百まで、という言葉もありますが、母はいろいろな話をすることで、子どもたちが誰からも好かれる人に育ってほしいと考えていたようです。

「私たちが子どもの頃とすっかり大島も変わっちゃったわね……」と言う紀美ちゃんに同感の私でした。

「紀美ちゃん、覚えている？　土管が原っぱにいっぱいあったよね……。そして必ず小さな捨て猫がいて、子どもたちみんなでごはんや牛乳あげてたね」

「それから紙芝居のおじさんもよく来てくれたわ」

「覚えている、覚えている！　原っぱはいつも子どもたちがいっぱいいたよね。ポンポンせんべいもよく来ていたよね」

「最近はまったく見かけないけどね」

当時おじさんを見かけると、子どもたちは一目散にお米を家から持って来て、燃えているコークスの中にお米を乗せた鉄のお皿をセットして圧縮焼きにします。お米の破裂音にキャーキャー言いながら楽しんだものです。

「おでん屋とかきび団子……覚えている？　リヤカーに積んで、太鼓を鳴らして歩いて来たよね」

「そうそう、おでん種を串に刺してくれて。甘いみそダレが忘れられないね」

「美味しかったわ。私も覚えているわ。きび団子を買いに行くとお湯の中から団子を取り出して、トレイの上で甘い黄粉《きなこ》をつけてくれたわ」

「なつかしいわ……。忘れられないね」

「サンロード中の橋でお店がオープンすると、必ずちんどん屋さんが登場したよね。町中を賑やかにねり歩いて……」

　背中に大きな看板を背負って、日本髪のカツラを被ったおばあちゃんからチラシをもらうときは、なんだかワクワクしたものです。

「鈴木さんちのおばあちゃんが玄関先で天ぷら屋をオープンしたときも、ちんどん屋さんが来たねぇ」

「そうだったの？」

　鈴木さんちの天ぷらはお客さんのリクエストを聞いてから、野菜をまな板の上で切り、油で揚げるので少し待つけれど、揚げたての天ぷらが食べられるので好評でした。

「土曜日は給食がないから、商店街の福田屋でコッペパンを十円で買い込んで肉の喜久屋に直行！　おじさんが満面の笑みでゼロ円だったキャベツを挟んで、揚げたてのコロッケを入れてソースもかけてくれたのよ。十五円でそんなご馳走が食べられたんだもん。いつもラッキーだなぁと思っていたわ。土曜日が待ち遠しかったわ」

「ラッキーといえば、スイカの話覚えている？」

　私たち二人は顔を見合わせて笑いました。


　子どもの頃、スイカもバナナ同様高級品で、家ではあまり食べる機会がなかったけれど、ある夏の昼下がり、将棋好きなおじいちゃんが大金を支払って大きなスイカを丸ごと一個買い、子どもたちにも振る舞ってくれたのです。無口ですが、将棋は誰にも負けないおじいちゃんは、悪ガキからも尊敬されておりました。

　そのおじいちゃんは、将棋をする縁台を星さんからいつも借りていたので、スイカの半分を星さんにあげました。残りの半分をおじいさんと子どもたちがご相伴《しょうばん》にあずかった、というわけです。話がつきない私たちの足元で、柴犬のペコくんがクンクンと鳴き始めました。

紀美ちゃんと私は生まれたときから大島なので、子どもの頃の話になるとノンストップ状態になり、いつまでも盛り上がってしまうのです。

機関銃のような会話を聞かされた田中さんは、たまったものではありません。
「二人とも、さすが下町生まれねぇ、おばさんたちと同じ話し方！　それにしても、子どもの頃から美味しい思い出があるなんて、羨ましいわぁ」と呟いていました。
田中さんはペコくんと散歩に行き、紀美ちゃんと私は見合って噴き出しました。

八　「美味しいお店」紹介します

子どもの頃、塾に行って帰りが遅くなり、お店も忙しくて夕食の支度ができなかったとき、我が家はよく出前を利用していました。

お気に入りはすぐ近くにあった中華料理の『ゆたか』。何を食べても美味しいけれど、モヤシそばは天下一品でした。シャキシャキモヤシと、芯がある人参やニラに、柔らかく煮た豚バラ。味はちょっと甘めの醤油ベースですが、野菜の歯触りがたまらないのです。

代々木で一人暮らしをしていた頃も、実家の大島に帰ると必ず、『ゆたか』から出前を取るほど、ここのモヤシそばが好きでした。

店主のお兄さんが病気になり後継者がいなく、残念ながら廃業してしまいました。

思い出話をした浩人くんが三代目を務める岩崎家の豆腐も天下一品です。

ボウルを持って行き、豆腐を一丁入れてもらっていた子どもたちは、結婚や転勤で大島を離れると、初めて地元の豆腐が美味しかったことを知ります。だからみんなも実家に帰るたびにお豆腐に感動します。しかし、浩人くんのお父さんが亡くなったのをきっかけに廃業してしまいました。

サンロード中の橋も最近、『竹の湯』や呉服屋さんが廃業したりしておりますが、八百屋が多いのが特徴です。安くて新鮮でみずみずしいのでよく売れています。売れるからいつも新鮮です。テレビでいつも「天候が悪いから野菜が高くなっていますね」と騒がれていますが、商店街の八百屋さんの野菜はいつでも安いんです。スーパーと違って規格外なサイズの野菜もありますが、味は一切問題ないので、青果市場も破棄せずに、農家さんも喜んでいると思います。

サンロード中の橋に入ると、すぐに『大惣』があります。昔から手作りの惣菜で、私は、マリネと里芋の煮物が好きです。

『魚金』は、お父さんとお母さんの家族経営です。刺身やさけの切り身は美味しいですね。冬になると大きなタラを売ります。みかどのおばさんの大好物でした。

『メイカセブン』という人気のパン屋さんがありますが、ここの【薄皮あんぱん】は有名なのでテレビでいつも取材されております。店主に「このあんぱん赤字になっていませんか？」と聞いたら、「お客さんの立場になって作っていたらこうなっちゃったんです。うちのあんぱんを見て幸せな気分になっていただければ、僕はそれだけで嬉しいです。お客さんの中にはおしるこを作っている方もいらっしゃいますよ」と言って笑っておりました。

ブドウパンやおかずパンもあんぱんに負けないくらい美味しいです。

大手のパン屋さんでも真似ができないあんぱんですね。

愛がいっぱいの店主さんです。

『コーヒーロースト』という生豆からローストしてくれる店があります。私も買いますが、一味も二味も違いますね。お兄さんがいろいろと相談に乗ってくれるので、買いやすいですよ。

『武蔵野うどん　麦わら』。ここはいつも人が並んでいます。

肉づけうどんに炊き込みごはんは絶品ですね。

和食屋の『米倉』は、最近できた日本酒と和食をメインにしている飲み屋さんで、刺身が美味しいです。

小さな食パン屋さんが商店街に二軒あります。

『一本堂』のチーズやホテル食パンはとても美味しいです。

もう一軒はグラハム（胚芽、ふすま、大豆、はちみつ）食パンを売っている『ラウンド　ベイク　ハウス』という店があります。ここはおかずパンも作っておりますが、製造も販売も一人で頑張っています。応援したいですね。

いまは娘さんファミリーが営んでいる日本そばの『大島家』は、天丼とおそばのセットが大人気です。

焼き鳥の美味しい『宝来』も大好きです。先代のおばあちゃんが優しく子どもの私にも気さくに声をかけてくれるのが嬉しくて、「今日は焼き鳥が食べたい」と母におねだりしていました。いまはお子さんたちが経営していますが、相も変わらず美味しいから、遠くからでも買いに来られるそうです。

『ひまわり』という雑貨屋さんには、驚くような安さの商品がたくさんあります。女性向けのショーツや靴下も、百円だったりします。洗剤もとんでもなく安いです。時間があったら見るだけでも楽しいので、眺めているとなんか買っちゃいますね。

おじいちゃんの笑顔が素敵な『太田製麺』は、日本そばをはじめ全部が絶品です。江戸川区在住の主婦が電車に乗ってわざわざ買いに来ていました。

『かねふじ』は揚げ物のお惣菜屋さんで、とにかく安いので驚きです。鶏胸肉のフライや大きなメンチカツ、ニンニクやじゃがいもの揚げ物や焼き鳥を売っていますが、冬になると大学いもが特に美味しいです。いつも買っています。

『ＮＡＫＡＩＣＨＩ』というレストランは二代目ですが下町ならではの如才のないウエーターがお出迎えしてくれるので、誰でも気軽に食べに行けます。

以前はイタリアンでしたが、最近はハワイアン風のお店になっています。

理由をオーナーに伺うと、「亡くなった親父がハワイ好きだったんですよ……。それでこんな感じの雰囲気にしたんです」と言っていました。

父が亡くなる五年前くらいから、毎週土曜日の朝はモーニングを食べに行っていました。『ＮＡＫＡＩＣＨＩ』の皆さんからも、父は手厚い歓迎を受けていました。食べ終わるとサンロード中の橋のスーパー『グリーンマート大友』で買い物をして、大きな荷物を父の手押し車の椅子に置いて押すのがお約束でした。

こうして考えると、大島にはいまも昔も、人情味溢れるお店があるから地元のみんなも離れられないのですね。

四章

母のこと、私のこと

一　おばさんの家族

母は富山で生まれ育ち、戦争中、国鉄職員だった祖父の赴任先である中国の山西省に十六歳で渡りました。九州から船に乗って釜山へ。そこから電車で平壌に行き、そのまま中国に入ったそうです。

二年暮らした中国では、戦争に負けたあともたくさんの中国人に助けられたと、亡くなるまで感謝していました。

昭和二十年八月十五日の終戦を迎え、日本に戻る支度をしていたときに、「日本は空襲でみんな焼かれたから生活できないでしょう……。このまま中国に住んだらどうですか？」と中国人が心配してくれたそうです。

また、ボーイとして働いていた馬《マァ》さんは、母が乗っていた自転車を見て「これは日本に持って帰れないからお金に換えたらいい、僕が高く売ってきてあげるよ」と言って、いろんな人たちと売値の駆け引きしていたのか三日もかけて換金してくれました。

「船に乗るまでの間、煮炊きするのに石炭があったら便利だろう」と石炭をプレゼントしてくれた中国人もいたそうです。

母は日本に戻り、東京に住む父に嫁いでから、私と妹の久美子を出産し、四人で暮らしていました。

私が高校生になってから、母方の祖父母と同居することになりました。

その後、祖父母のお世話をする中で、私たちは素晴らしい気づきの体験をすることになります。

祖母は縫い物と料理が上手で、とても穏やかな人でした。

祖父はタバコが好きでいつも母に注意をされていましたが、やめられませんでした。大工仕事が得意で、あちこちに棚を作り、便利な家にしてくれました。また、祖父母は信仰心が篤《あつ》く、朝と夕には三十分かけてご先祖さまにお祈りをしていました。また、毎月、浅草寺や東本願寺へお参りに行き、帰りには、名物の天ぷらや芋羊羹を買ってきてくれるので、家族で楽しみにしていました。

特に信仰心の深い祖母は、その後、緑内障で失明し、数年後には脳梗塞で寝たきり状態になりました。家の中はてんやわんやで嵐が吹いている状況なのに、至って穏やかで平常心の祖母は、私たちにいつも冗談を言っておりました。店番に家事、祖父母のお世話と目が回るほど忙しかった母は、両膝に水が溜まったりしてとても辛そうな日々でした。

そんなある日、祖母が私と母に向かって「あなたたちにこれ以上世話をしてもらうのは申し訳ないから、養老院に入ろうと思うわ……」と言ってくれたときは私たち二人とも、気持ちが揺らぎました。

祖母の世話を外の人にお願いするのは心苦しいという気持ちがあったものの、この忙しい生活に息がつける……とも思いました。

忙し過ぎて、手抜き料理になっていたのを父に申し訳ないと母は口癖のように言っておりましたが、父は私たちが提案する養老院には反対でした。

「……ばあさんは目が見えないのに知らない人から下のお世話になるんじゃかわいそうだよ。俺の飯のことなんか気にしないでいいよ。ごはんとさんまの缶詰があればそれで十分だよ……。俺なんか、三歳で母親を亡くしているから、親孝行なんてできなかったからなぁ……。お前がうらやましいよ」

自分の両親のために父に不便な思いをさせていると思っていた母は、父の言葉が嬉しくて涙ぐんでいました。

その後、父は言いにくそうに話をさらに続けました。

「……お前には悪いけれど、ばあさん、そんなに長くは生きられないと思う……。最後まで娘のお前が面倒見てあげたら、ばあさん、嬉しいんじゃないのか」

父の大きな器で家族の私たちを受け止めてくれていました。

私も父の言葉に感動して涙が止まりませんでした。

早速、養老院に入ることに父が反対していることを祖母に伝えると、

「そんなふうに言ってくれるなんてもったいないねぇ……。源二さん（父の名前）

に感謝だわ〜」と言いながら泣きじゃくっていました。

そんな祖母を見て私も、もらい泣きをしました。祖母もずっとこの家で暮らしたかったんですね。

いつもさわやかで、冗談が好きで、穏やかな祖母に「目が見えなくて辛く感じることってなぁい？」と尋ねると、「ヨーコちゃんたちには悪いけど、おばあちゃんは、目が見えないお陰で親鸞さんといつでもお話ができるから、反対に感謝しているくらいよ」とニコニコ笑っておりました。

祖母はそれから三ヶ月後、静かに息を引き取りました。亡くなる前日に夕食の介助をした私に、「ヨーコちゃん、ありがとう……」と微笑んでくれたのが、最後の言葉でした。

祖母は生前、私たちに迷惑をかけていることをいつも詫びていましたが、目が見えない不便な自分を嘆いたりすることは一度たりともありませんでした。本当に芯の強い、明治生まれの女性でした。

祖母はどんな状況下でも動じない姿を私たちに見せてくれました。

〝祈り人〟ってカッコいいなぁと、心から思いました。


縫い物が得意だった祖母の血を受け継いだ母も、縫い物が得意で、最愛の孫たちにいつもオシャレな服を作っていました。

妹が訪ねてきたときに、娘の美弥を指さして、「この子ったら、幼稚園に行くとき、美弥ちゃんはおばあちゃんが作った服を着るのって、毎朝ダダをこねるのよ……」と苦笑すると、その言葉が嬉しくて母は寝る間も惜しんで、可愛い服を量産体制で作り続けておりました。


みかどのおばさんも孫には目尻を下げ、帰り際には大きな袋にお菓子を入れて渡すのが恒例でした。口いっぱいにお菓子を頬張っていた彼女たちは、二児の母になりました。

駄菓子を買いに来る子どもたち同様に家族にも愛を注いでいました。

二　みかどのフィナーレ

さて、閉店の告知ポスターをマジックで書いて外に貼り出しました。最終日にはたくさんのお客さんが来てくれました。

目を潤ませている中三男子に向かって「おばさん、ずっとここにいるから、いつでも遊びにおいで……」と声をつまらせて話す母の隣で、首にタオルを巻いた父も涙を拭っていました。

「俺たち、みかどのお菓子で大きくなれたし、男前にもなったでしょう?」と爆笑しながらおどける中三男子に対して「みんな男前だよ。おばさんが保証するよ」と母が間髪を入れずに言うと、「みかどのおばさんの保証がつくってことは、俺たちって……一流ってことか?」「気風のいい男になったら、女の子にもてるからね」「イエー」と言って子どもたちははしゃいでいました。

孫の大樹くんと買い物に来たおばあさんが「うちの息子と孫がお世話になりました。この子の父親もあとで挨拶に来るって言っておりました」と言うと、「まことちゃんも立派なお父さんになったんだね……」と喜ぶ母。

頭の薄い中年男性が入って来て、「おじさん俺のこと覚えている？」と言うと、父は薄笑いを浮かべ返事に困っていました。

「俺がガキの頃サー、親父とうまくいってなくて悩んでいたら、おじさんが『親父さんと一緒に風呂にでも行って来いよ』って言ってくれてサー」と言うと父も思い出したようです。

「それで、アンタ、親父さんとはどうなの？」

「お陰で喋れるようになったよ。みかどが閉店するのも親父から電話があってね。昨日、銚子から来たんだ」

二人の会話を母も喜んで聞いていました。

「わざわざ千葉から来たの……。ありがとう」と母が言うと「俺、おじさんにお礼言わなかったからサー。最後にみかどに来ないと罰が当たるぞ、って親父に小言言われたよ」と、彼は目を潤ませていました。

「へー嬉しいね」

「だから今日は、娘とかーちゃんに駄菓子爆買いして帰るんだぁ」と言うと、父の目が微かに潤んで見えました。

子どもからお年寄りまで笑顔で感謝の言葉を持参し、みかどで最後のお買い物をしてくれました。両親は、なつかしいお客さんの温かい言葉に嬉し泣きをし、一人ひとりに挨拶をしていました。

二〇〇八年五月三十一日、みかどのおばさんが七十九歳のとき、五十三年の幕を下ろしました。

三　岡野先生

みかどを閉めて三年、母は体調を崩し食欲のない日が続き、総合病院に連れて行きました。待合所は患者でいっぱいでした。長く待っているせいか、ぐったりしている患者がたくさんいました。（子どもの頃にかかっていた岡野医院だったら、すぐに診てくれたのになぁ）と思いながら、母と二人、静かに待っていました。

散々待たされ、やっと名前を呼ばれて診察室に入ったのですが、医師は母の顔も見ず、パソコンに映るカルテを見ながら「今日はどうされましたか？」と尋ねました。

「食欲がないんです……」

力なく言う母に、医師は相変わらずカルテを見たまま、「あっ、そう……年齢は八十三歳……」と呟きました。つき添っている私は、（先生はいつ母の顔を見るのかな）と思っていましたが――。

「では、薬を出しておきましょう」

「どんなお薬ですか?」と私が尋ねると、初めて医師がこちらに顔を向けました。

「薬は……消化薬と胃の粘膜を作る薬です」

そして、血液検査の結果が書かれた用紙を見ながら、「それと……大腸の検査を受けてくださいね」とつけ加えました。

二人して診察室を出て、会計の前の長椅子に腰を下ろしました。

「長時間待って、診察は二分。しかも患者の顔も見ないなんて……。病院は大きくてきれいだけど……なんだか、がっかりだね」と呟くと、母は静かに「ヨーコ、岡野先生みたいなお医者さんは、もうこの世にはいないのよ」と言いました。

「『ヨーコちゃんよく来たね』って岡野先生は嬉しそうに頭撫でてくれたよね」

「そうそう。アンタは岡野先生が大好きだったからね――」と言うと、顔色の悪かった母の目が輝いて見えました。きっと私の目も輝いているんだろうなぁ……。

私は生後半年の頃、風邪をひいて熱を出したことがきっかけでアレルギー性の喘息になり、ペニシリンという薬に何度もお世話になりました。発作を起こすたびに呼吸困難になり、死にそうな思いをしました。当時ペニシリンはとても高価な薬でしたが、注射を打つと、スッと楽になった記憶があります。

私が頻繁に発作を起こすので、母は寝るときもパジャマに着替えずにいてくれました。そして、夜中に発作を起こし息が吸えず苦しんでいると、母は街灯もない夜道に私をおぶって岡野医院に駆け込んでおりました。

その頃は電話もなく、岡野医院に着くとブザーを押さなければいけません。夜中に先生を起こすことを（申し訳ない……）と思っていたから、母はブザーを押しながら、「すみません」と連呼していました。

岡野先生は不愉快な顔をすることもなく、いつも笑顔で迎えてくれました。注射器と針が入った煮沸器具を熱湯で消毒し、ガスストーブで部屋を暖かくして、保湿にも気を使ってくれました。そうした心配りを夜中でも昼の診療と同じようにしてくれました。

「ヨーコちゃん、苦しかったね～。先生のところに来たから、もう大丈夫だよ」と言いながら頭を二、三回撫でてもらうと、家で三時間も呼吸ができずに苦しんでいたのに、なぜか、私の呼吸はピタッと正常に戻ります。

母はそのたび、「この子ったら、岡野先生の顔を見た途端治っちゃうんだから、まったく……」と苦笑し、「先生、本当にすみません」と何度も頭を下げていました。

「そうか。それはよかった。きっと、先生が男前だからだよな、ヨーコちゃん」

そう言って、先生は笑顔で私の両腕や背中をさすってくれるのです。

岡野先生は世間話が大好きで、患者とつき添いの家族をいつも笑わせてくれます。

一人にかける診察時間が長いので、待合室はいつも満員でした。

時々、あまりにも話が長いときには看護婦さんが呼び鈴を鳴らします。

「おっ、チ～ンが鳴ったよ。看護婦さんから『早く終わらせてください』ってお願いされちゃったよ。先生はお話の続きが聞きたいから、また来てね」

そんなことを言われるものだから、患者は毎回さわやかな気持ちになって、診察室から元気になって出てきます。そして、安心し切った表情で「先生、それじゃ、また近々に」と片手を上げて帰って行くのです。

子どもの頃診察室に入ると、先生は笑顔で「いらっしゃ～い、よく来たね」と両手を広げて待ち構えてくれていました。その姿はいまでもはっきり覚えております。診察する前に、私の頭や細い両腕、そして背中もゴシゴシと撫でてくれるから、なんだか嬉しくなって、それだけで病気が治った気がしてくるのです。


「六谷さん」と会計に呼ばれる声で、私は現実に戻りました。

「お母さん、お金払って来るからちょっと待っていてね」

売店で買った女性週刊誌をめくっていた母は頷きましたが、私が会計から戻ってくると、バッグを肩から斜めがけにして帰り支度をしていました。

「ヨーコ、薬をもらってきてくれる？　私は疲れたから、タクシーで先に帰るわ」

母は長い待ち時間に疲れたみたいです。

杖をつきながらエントランスに向かう母の後ろ姿を見送ってから、私は薬局に向かいましたが、ここも同様に混んでいました。

待合室の椅子に座ると、また岡野先生の顔が浮かんできました。

ある日、岡野先生は「六谷さんは家族で岡野医院に来てくれるから、お歳暮にペニシリンをプレゼントするね」と言いながら、注射を打ってくれたことがありました。先生のそんな「特別待遇」は子どもながらに嬉しかった記憶があります。岡野先生はまるで家族のように私を扱ってくれました。

私は三歳のとき、その頃流行していた百日咳にかかりました。往診に来てくださった岡野先生は高熱を出してぐったりしている私を診察したあと、「最善を尽くしましたが、このまま意識が戻らなかったら明日の早朝が山かと思いますので、ご親族を呼んでください」と言ったそうです。

意識が朦朧《もうろう》としていた私の周りに伯父さんや叔母さんが座って私の顔を覗き込ん

でいる姿は、いまでもはっきりと覚えています。朝になり、目を覚ました私は、「なんでおじいちゃんがいるの？」と尋ねたのを覚えています。

峠を越えた幼い私の枕元には弥勒菩薩のような笑顔を向けてくれた岡野先生がいたことも、昨日のことのように覚えています。

当時はまだ健康保険がなく医療費が高かったので、我が家の経済状態は相当厳しかったことでしょう。昭和三十年を過ぎた頃に国民健康保険証が届いたときには、家族で大喜びをしたそうです。そんな話を聞くと、家計を助けるために母は駄菓子屋を始めたのかな……と思いました。

喘息から解放された高校生になっても私は岡野医院に通っていました。昔と同じで世間話に花が咲きました。

そして、先生は最後にこう言ったのです。

「六さん。うちで受付のお手伝いをしてくれない？」

先生のお誘いを喜んで引き受けました。私は友だちと二人で、夕方から働くことにしました。バイトをするようになってから、「岡野医院はヤブだから行かない」と言い切る近所のおじさんのことを岡野先生に話しました。

「その方の言う通り、僕はヤブ医者かもしれないなぁ」と先生は微笑みました。

「だって、十一月に風邪をひいた患者さんに、ごはんが美味しく食べられるように消化酵素と、ゆるい睡眠薬を投与するだけで十分だと思っているからね」

　食事と睡眠が大切なのは知っておりましたが、それでも疑問は残りました。

「どうして風邪薬を出さないんですか？」

「この時期に強い薬を飲んだら、二度目に風邪をひいたときは、倍の薬を飲まなくてはいけないんだよ。一月とか二月になれば、そのあとはあまり風邪をひかなくなるから風邪薬を投与してもいいと思うんだけどね」

　私は先生の考え方に納得して、とても感動しました。

「岡野先生は、患者さんの身体のことを考えている先生なんだよって、おじさんに教えておきますね！」という私の言葉に、先生は顔をほころばせておりました。

「六さんは、まるで岡野医院の応援団長だね」

「だって……三歳のときに生死をさまよっていた私を助けてくれたのは先生でしょう。だから、恩返しをしなくっちゃ罰が当たるわ」

先生は笑って、「それは僕の腕だけじゃないよ。六さんの運も強かったんだよ」と言っていました。驕《おご》らない人柄の先生でした。

ある日、癲癇《てんかん》持ちの女の子を父親が抱えて連れてきたことがありました。発作を起こした少女の目は異様に大きく見開かれ、舌を噛まないように、手ぬぐいを巻いた割り箸を口にくわえさせられていました。

治療が終わると、先生はすぐには帰らせないで、両親と世間話をしていました。

一ヶ月後、また発作を起こした彼女は、両親に連れてこられました。娘の看病で疲れていたのでしょう。お母さんが診療室で気を失ってしまいました。岡野先生は大きな声で「大丈夫か～！」と叫び、お母さんの頬を思いっきり叩きました。目を覚ましたお母さんをベッドに寝かせ、神経質なお父さんの湿っぽい話を先生はじっくり聞いてあげました。でも最後には、そのお父さんも笑わせて診療が終わります。待合室で待つ患者はたまったものではありませんが、重症な患者さんだからしかたないこともわかっていました。

癲癇の少女と両親が帰ったあと、私は先生に質問しました。

「一人の患者さんに時間をかけて話をして、家族を笑わせて帰らせるのは、私が子どもの頃と同じですね。笑わせることはそんなに大事ですか？」

先生は自虐的に「患者を笑わせても、診療報酬が増えるわけじゃないのにね」と言ったあと、「僕が笑わせているのは、発作を起こす患者さんが多いでしょう？」と問いかけてきました。

確かにその通り。私も、喘息の発作で何度もお世話になっておりました。

「また発作を起こすんじゃないかって、親御さんがいつも緊張していると、子どもはなぜか親の気持ちに反応して発作を起こすんだよ。母と子の関係は医者の僕にも理解できないミステリアスな部分があるんだよね」

真剣な顔で聴く私に、先生は微笑んでおりました。

「ご両親の緊張を断ち切るのには、笑うのが一番よい処方箋かな……と僕は思っている。親子して僕のしょうもないダジャレで少しでも笑ってくれたら、それでいいのかなと思っていてね……」

私や母も喘息で苦しんでいた頃、先生のダジャレにどれだけ救われたかわかりません。

「笑って気分がよくなり家路につくと、安眠剤と胃薬を飲んだら、ぐっすり眠れるし、食欲も湧くしね。自分で治そうとする免疫力が人間の身体にあるから、風邪のとき、医者はその免疫力が上手に働くように手助けするだけでいいと思うんだ。だから僕はなるだけ薬は使いたくないんだよ……」

「私が子どもの頃、先生がいつも頭を撫でてくれるから、特別待遇されているのかと思っていました。でも、バイトに来てみると、子どもには私と同じように頭を撫でていますよね。母も私も特別待遇されていると思っていましたよ」

岡野先生は「特別待遇か〜。気にしていなかったなぁ」と呟きながら腕を組みました。

「いま帰った村岡さんもそう思っていてくれていたらいいな……」

「もちろん思っていますよ。あの子もご両親も笑顔で帰っていったじゃないですか。

先生は患者さんの心もわしづかみですからね」

「わしづかみね……。六さんは嬉しいこと言ってくれるね。ありがとう」

応用生物化学の第一人者の村上和雄名誉教授が笑いを研究しておられますが、笑うと血糖値が下がる効果があることもいまでは科学的に証明されています。笑いのある生活は身体にいいし、心も豊かにしてくれるので、病気になりにくいと書いてありました。そんな笑いの研究が行われる前から、実践していた岡野先生は改めてすごい人なんだなぁと思います。

先生はこんな話もしてくれました。

「サービス満点のスキンシップと優しい声がけは、小児科では一番大切なことなんだよ。そこには、目に見えない奇跡が起こるからね……」

幼い頃から何度も、その奇跡を身をもって体験した私は、大きく頷きました。

「西洋医学だけでは人間の身体を壊してしまうから、東洋の医学も大切なんだよ」

そう言って、使い古した東洋医学の本を見せてくれましたが、難しい漢字が並んでいました。

慈愛に満ちた岡野先生も亡くなられて三十年になりますが、いまでも感謝の気持ちでいっぱいです。

四　母の後悔

みかどを閉めて五年程経った頃、大腸ガンで入院をした母を励ますために、一つ尋ねてみました。

「お母さん、五十三年みかどをやってきて、忘れられない思い出ってなあに？」と聞くと、楽しい思い出話ができると思っておりましたが……。

「お母さんね……、一つだけずっと後悔していることがあるんだよね」

「何を悔やんでいたの？」と聞き返すと、静かに話し始めました。

雅夫くんは、子宝に恵まれなかった五〇代の夫婦が施設から引き取りました。

雅夫くんのお母さん自身も、中国で親と離れ離れになり東京の施設で育った経緯があるので、雅夫くんに思いっ切り愛情を注ぎ大事に育ててきたのですが、彼が小学三年生のときに育て親のお母さんはガンで亡くなってしまいました。

また、奥さんを亡くした寂しさを紛らわせるために浴びるほど酒を飲み、いつも酔っぱらっていたお父さんは、雅夫くんの世話はほとんどしませんでした。そればかりか、食事も与えず、殴ったり蹴ったりをしていたようです。

　雅夫くんを心配して、大家さんで洋品店を営む旭屋のおばあちゃんがおにぎりを作って食べさせたり、パンを買い与えておりました。みかどのおばさんも、雅夫くんには、よく声をかけて、気を配っておりました。

「その雅夫くんが、まさか、うちに泥棒に入るなんて、思わなかったのよね……」

　母は重苦しいため息をつきました。

　トイレの窓から侵入し、お金を少しとサンドイッチを持って逃げました。

　家庭の事情をよく知る両親は、警察にも届けず、本人にも注意はしませんでした。

「警察のお世話になったら、地元には住めなくなるから……」と思っていましたが、両親の思いは雅夫くんには伝わりませんでした。

　一ヶ月後、別のお店で盗みを働き、今度は警察に捕まってしまいました。

「それを聞いたとき、ガッカリしたけど、それ以上に申し訳ないことをしたなと思ったのよ……」

「お母さんが申し訳なく思うことなんてないでしょ……」と言うと母はゆっくりと首を横に振りました。

「あのとき、私が雅夫くんと向き合って話をしていたら、少年院に入らないですんだと思うのよね。……気の毒なことをしたわ。本当に地元にいられなくなっちゃったしね。今頃どこでどうしているのか。元気でやっているのか。ヤクザな道に入っていないか心配なんだよね――」

みかどをやめたあとも、雅夫くんのことで母は自分を責めていたことを知ると、私も胸が苦しくなりました。

五　母のフィナーレ

二〇一四年七月二十二日。

二度目の入院も大塚病院で「腎臓ガンですね」と宣告を受けました。冷静に受け止めた母は、迷うことなく、「延命治療はしないでください」とはっきりとした口調で医師に伝えました。「勇気のあるお母さんですね……」と担当医は驚いておりました。

八月十日には錦糸町駅近くにある終末医療のための病院に転院しました。

ご近所の皆さんがお見舞いに来てくださいました。その翌日から昏睡状態に陥り、父と妹と一緒に病院で泊まることにしました。

看護師さんに「眠っているようでも耳は聞こえていますから、楽しいお話をしてあげてくださいね」と言われたので、私はできるだけ明るい話を心がけました。

それから数日後、私の中学時代の友人の佳子がご主人と一緒に見舞いに来たときの話です。佳子が「うちね、おばあちゃんもお母さんもたっちゃん（ご主人）も辰年生まれなんだけど、おばあちゃんたら、冗談で『たっちゃんはこたつだね』って言うのよ」と言うと、静かな病室に笑いが起こり、昏睡状態の母がクスっと笑っていました。佳子は「おばさんも面白かったんだね」と言って、みんなで大喜びしました。母に最後の笑いを提供してくれた佳子に感謝です。

「お母さん、今日は病院にお父さんも久美子もみんなで泊まっているのよ。まるで熱海の温泉に行ったときみたいだね……」と声をかけたら、母が小さく頷いてくれました。看護師さんの言う通り聞こえているんだなぁと思いました。

二〇一四年八月二十五日――母は静かに永眠いたしました。

朝方、病院から家に戻ってきた母の亡骸《なきがら》に、近所に住むおばさんたちが会いに来てくれました。その中には、子どもの頃から通ってくれた良男くんもいました。もう四十七歳です。

先輩と二人で会いに来てくれたのです。

父は昔の子どもたちの来訪をたいそう喜んでいました。

「おばさんはさ〜、いつもあの大きな『子どもの広場』の掃除をしていたよね」

良男くんは目を細めて、母の思い出話をしてくれました。

当時は『子どもの広場』にゴミ箱がなくて、駄菓子を買った子どもたちは、菓子袋をポンポンと公園の至るところに捨てていました。

「俺も菓子袋、捨てていたよ。そんな子どもを見て、おばさんはがっかりしていたんだろうな〜」

「『子どもが捨てた紙屑はみかどのゴミだから掃除するのが当たり前』って言っていたわ……」と話をしたら、

「なるほどね、おばさんらしいわ」と良男くんは頷きました。

「あと、おばさんのことで一つ忘れられない話があるんだ」

「えっ？　どんな話？」と私が聞くと、父も前のめりな姿勢になりました。

「俺が中三のとき、他校の生徒と揉めていてさ……。一人でいるときに『子どもの広場』で十二、三人に囲まれちゃったんだよね」

「えっ、大変じゃない？」

「そう。ヤバイ、どうしようって思っていたら、みかどのおばさんが颯爽と登場したんだよ」

私と父は驚いて顔を見合わせました。

「ど、どうしたの？　うちのお母さん――」

「それがさー、おばさんが、俺たちの真ん中に入ってきてさ～、『アンタらは地元の子じゃないんだから、帰んなさいよ！』って大きな声で一喝してくれたんだ。そいつら、おばさんの登場に唖然として、黙って帰っちゃったんだぜ。おばさん、めっちゃカッコよかったよ！」

みかどのおばさんの一喝で引き上げる不良少年らの姿を想像すると、確かにすごい光景だったと思います。

「お母さん、どこから見ていたのかね」と言うと、父が「その子たち、みかどに寄って、おばさんに、良男くんの名前を出したんじゃないのかなぁ？　おばさんは勘が鋭いから、察したんだよ」と言いました。

「俺も、実際はわからないけど……本当に助かったんだ」と言ったあと、良男くんは母の亡骸を見つめました。

「おばさん。あのときは、ありがとうね……」

　横たわる母は、思わぬ武勇伝をバラされて、きっと苦笑いをしているに違いありません。そして、その傍らで昔の子どもたちの思い出話を聞きながら、父も静かに涙を流していました。

六　みかどのおばさんへの感謝状

近所に住んでいた真由美ちゃんも、母の死を悼《いた》んでくれた一人でした。みかどを閉店してから、真由美ちゃんは母に感謝状をプレゼントしてくれました。椅子に座っていた母は、表彰状を膝に乗せてじっと眺めていたままでした。

代わりに私が、「真由美ちゃん、ありがとうね。おばさんも喜んでいるよ……」と伝えると、母は涙が止まらないので、言葉が出てきませんでした。

頷いた真由美ちゃんの目にも涙がいっぱい浮かんでいました。

みかどを閉めると決めた直後、真由美ちゃんに告げたのは私でした。

そのときも、真由美ちゃんは涙を流していました。

「わ～私、なんだか悲しくて胸が苦しくなってきた……」

あっけらかんとしていた私も、真由美ちゃんにつられて、涙が溢れて来ました。

真由美ちゃんの家族は祖父母と両親の三世代家族でした。

三人姉弟の真ん中で、子どもの頃はショートカットで快活な女の子でした。自分の思ったことをはっきりと言い、大人とも対等に話ができる彼女は、おばさんたちのアイドルでした。

そんな彼女の夢は「駄菓子屋さんになりたい」でした。

それを聞いた母は、まだ四年生だった真由美ちゃんに向かって、

「真由美ちゃん。おばさんの仕事、手伝ってよ～」と言いました。

真由美ちゃんは、いつもおばさんが座っている特等席に座りました。

そこは、子どもたちからすると憧れの場所でした。夢がかなった真由美ちゃんは張り切って子どもたちに、可愛らしい声で接客していました。

最初は子どもたちも、小さなおねえさんに戸惑っていましたが、同じ目線で、「これがいいの？　それともこれかな？」とお菓子を指さしながら、優しく話しかける真由美ちゃんにすぐに懐《なつ》き、安心して買い物をしていました。みかどでのお手伝いはしばらく続き、他の子どもたちも母に「私も店番したい」とか「俺にも店番

させてよ、おばさん」と懇願しておりましたが、母は真由美ちゃんだけに店番をさせていました。

母が亡くなったあと、当時の話をしていた真由美ちゃんはなつかしそうに話しました。

「子どもが好きだったから、すごく嬉しかったなぁ」と笑みを浮かべていました。

「……実はね、あの当時、クラスの女子から『不良少女』って呼ばれていたの」

「え、真由美ちゃんが？」

「号令みたいなものなのよ。『不良少女』って呼ばれたら、即、クラス全員に無視されることになったの」

「それって、いじめなの？」

「そうだと思う」

当時のことを思い出したのか、真由美ちゃんはちょっと唇を噛みしめていました。

「でも、学校から帰ればお店番が待っているし、なんとか我慢できたんだ。あの頃の私は、みかどのおばさんに救われたんだよね」

「おばさんにいじめの話をしたの？」

「言わなかったけど、何か……気がついていたと思う。じゃなかったら、他人の子どもに店番なんかさせないと思うわ」

「確かによその子にお店番させるなんて、母も思い切ったことをしているなぁと私もあのとき、思っていたのよ」

「だから、みかどは私にとって特別な場所だし、私のことを応援してくれたおばさんに感謝だった……」

　真由美ちゃんは照れくさそうに笑っていました。

「みかどがなくなるって聞いたときは動揺したけど、おばさんに何かしてあげたいと思って、とっさに思い浮かんだのが感謝状だったんだよね」

「そうだったの……。ありがとう、真由美ちゃん」

「みかどのおばさんに助けてもらったんだから、ありがとうと言いたいのは私のほうよ……」

　真由美ちゃんが空を見上げ、私もつられて見上げました。

大島の空は快晴。母は空の上から私たちをいつまでも見守ってくれているでしょう。

ありがとうございました&お疲れ様でした！

みかど　の　おじさんおばさん。
長い間　駄菓子屋さんを　続けて
くれて　ありがとうございました。
親子二代に渡り　お世話になった
人も　たくさんいたと思います。
子どもの憩いの場　みかど・・・
店じまいは　とても寂しいですが・・・
お疲れ様でした！
公園が近いので　これからも
子どもを　温かく見守ってください
ね。

平成２０年５月吉日

みかど　を愛した子どもたちより

お客さまからの感謝状

あとがき

二〇一四年に母を亡くし、母を思い出しながら書いていて気がついたのは、いつも笑っていて、一生懸命に生きていたということです。

でも子どもがいたずらをすると、「コラーッ」と、本気で叱る人でした。

喘息で息が苦しいから丸めた掛け布団に覆いかぶさる私は、母の即興童話が大好きでした。主人公は必ず、ヨーコちゃんでした。でも中身は……マッチ売りの少女の名前がヨーコだったり、赤い靴を履いた女の子の名前もヨーコでした。母は想像力がいっぱいでした。

だからみかどに来る子どもたちにも、楽しい作り話をたくさんしてあげられたんだと思います。

母にとって忘れられないのが、十六歳から十八歳まで生活をしていた中国の山西省でした。華北鉄道で働く祖父の家で家事の手伝いをしていたボーイの馬さんの口癖が、「メイファーズ」でした。訳すと「しょうがない」という諦める意味に聞こえますが、母が辛くて悲しいときに、馬さんはいつも「メイファーズ」と言って励ましてくれたそうです。「運の悪いときは諦めることが肝心。さっさと忘れよう。とにかく……思い悩んで自分を苦しめず、相手も許してあげることが肝心だよ」と教えてくれた馬さんは、母の心の師匠だったようです。

馬さんの言葉を心に刻んでいた母ですが、唯一、雅夫くんを救えなかったことを悔やんでいました。しかし、亡くなる一週間前に、夢の中なんでしょうね……、「雅夫くんがお見舞いに来てくれたよ」と母は大喜びしていました。雅夫くんのその後をずっと気にかけていたので、夢であっても元気な姿を見せてくれたことが嬉しかったのでしょう。そのときの母の笑顔は、いまでも忘れられません。

葬儀のあと、線香をあげながら父にこの話をすると、堰を切ったかのように泣いておりました。父も同じ苦しみを抱えていたようです。母が後悔を晴らせたことに安堵し涙する父を見て、思わずもらい泣きしてしまいました。婦唱夫随で、最後まで母に優しい父でした。

母は「みかどのおばさん」として、長年にわたり大島を照らしてきました。母との時間はどれも大切な思い出であり、人々の心の中でも生き続けることでしょう。慈愛に満ち皆から愛され続けた母は、いつまでも私の誇りです。

昭和から平成の時代、東京下町の片隅にあった「駄菓子屋みかど」と「おばさん」を形として残しておきたいと思い、ペンを取りました。

ありがとうございました。

六谷陽子

〈著者紹介〉

六谷陽子（ろくたに ようこ）

1952 年、8 月 28 日生まれ。

「みかど」を通して近所の人々と触れ合う中で、下町の温かさを感じながら育つ。

35 歳の時、マイケル・ジャクソンのコンサート（1987 年）を後楽園で観た晩、マイケルと仕事をしている夢を見てなんとか関わりを持ちたいと思い、知り合いのヘアメイク事務所に入り、マネージメントとキャスティングの仕事を始める。1998 年、虎ノ門にあるホテルのパーティーでマイケルに会い、サインをもらっただけで満足だった。その後、独立してカメラマンのマネージャーを 10 年程しながら、著名人に企画書（ラブレター）を書くなど、ウォンビンをはじめとして様々なモデルや芸能人と仕事をする。たくさんの経験から文章を書くことが好きになり、35 年の月日が過ぎた今でもキャスティングの仕事ができることに幸せを感じている。

JASRAC 出 2300853-301

ねぇねぇ　みかどのおばさん

下町《したまち》の駄《だ》菓《が》子《し》屋《や》物語《ものがたり》

2023年5月18日　第1刷発行

著　者　　六谷陽子
発行人　　久保田貴幸

発行元　　株式会社 幻冬舎メディアコンサルティング
〒151-0051　東京都渋谷区千駄ヶ谷4-9-7
電話　03-5411-6440（編集）

発売元　　株式会社 幻冬舎
〒151-0051　東京都渋谷区千駄ヶ谷4-9-7
電話　03-5411-6222（営業）

印刷・製本　中央精版印刷株式会社
装　丁　　弓田和則
装　画　　美弥

検印廃止

ISBN 978-4-344-94437-4 C0095
幻冬舎メディアコンサルティングＨＰ
https://www.gentosha-mc.com/